CHRONOS

Nelda Devetak

¿Y por qué no?

Cuando la vida sacude, pero el amor sostiene

europa
ediciones

© 2026 **Europa Ediciones** | Madrid

www.grupoeditorialeuropa.es

ISBN 9791256961627

I edición: enero del 2026

Distribuidor para las librerías: **CAL Málaga S.L.**

Impreso para Italia por *Rotomail Italia S.p.A. - Vignate (MI)*

Stampato in Italia presso *Rotomail Italia S.p.A. - Vignate (MI)*

¿Y por qué no?

A mis dos hijos:

A Gianluca, que, así como tuvo prisa en venir, también tuvo prisa en partir, dejándome un legado de amor.

Él me enseñó a ver lo invisible, a creer en lo creado y a vivir de otra manera, con su presencia ausente, con ausencia presente. él es mi guía, mi luz eterna.

Y a Fantino, que llegó para completar nuestras vidas, el niño que creció viendo a su hermano luchar y aprendió demasiado pronto a compartirnos, a esperarnos, a entender silencios, a cargar emociones fuertes y aun así floreció.

Él es mi sostén, porque con su fortaleza callada, con su forma de aceptar lo que dolía y con su amor discreto también hace magia.

A uno lo abrazo con el alma. al otro, con la vida. y a ambos, con el corazón entero.

También se lo dedico a esa parte mía que, durante tantas noches, encendía una película en mi cabeza, pidiéndome escribir lo que el alma ya sabía. a la mujer que creyó que no podía, y aun así se animó.

Porque este libro nació de una necesidad profunda; la de poner en palabras lo que el corazón no quiso guardar en silencio.

Y a la vida… que me sorprendió, me sacudió y me transformó.

Pero por sobre todas las cosas me enseñó que nada ocurre por casualidad. que todo es causa, aprendizaje y amor.

Quiero agradecer, antes que nada, a mis hijos, Gianluca y Fantino, mis dos grandes maestros.

A Gian que sigue guiándome desde un plano más sutil, en señales, en intuiciones, en cada sincronía que me recuerda que el amor no entiende de fronteras, de límites, ni de despedidas.

Y a Fantino, que desde la tierra me sostiene con su fuerza silenciosa, su sensibilidad, su luz propia y ese amor que creció entre desafíos demasiado grandes para su edad.

A Manuel, mi compañero de vida, por caminar a mi lado, incluso cuando el camino temblaba y la vida parecía romperse, por su constancia, su paciencia, su fe y su forma de sostener sin ruido.

Gracias por cumplir aquella promesa que le hizo a mi papá, y no abandonar el barco, ni siquiera cuando el mar se volvió cruel y las tormentas nos pegaron fuerte, gracias por no soltar el timón y navegar a mi lado siempre.

A mi familia, especialmente a mis hermanas, que fueron abrazo, refugio y sostén, incluso cuando nos invadía la incertidumbre y las palabras no alcanzaban. estuvieron siempre una o la otra en los momentos más frágiles.

Mili, gracias por quedarte a mi lado, por resistir y soportar tanto pero tanto, haciendo lo imposible para no verme caer, por alivianar siempre mi dolor.

A mis padres y a mis suegros, que hoy, al igual que Gian, me acompañan desde otro plano y que, de alguna manera misteriosa y hermosa sigo sintiendo cerca.

A ellos, gracias por la guía, por la protección, por el amor que continúa intacto, aún sin presencia física.

A mis amigas, de toda la vida, por mantenerse siempre cerca, en cuerpo, alma o pensamiento, y por recordarme en todo momento que la verdadera amistad trasciende todo lo que cambia.

Ellas, son mi familia elegida, fieles, leales, que sostienen mi alma de mil maneras... que me despiertan, me consuelan, me miman y me celebran.

A Dai, por el amor puro, inmenso y sanador que le dio a Gianluca y por seguir siendo parte esencial de esta historia, con un puente delicado entre lo que fue y lo que sigue siendo.

A los médicos que nos acompañaron con profesionalismo y humanidad, y un agradecimiento muy especial a Marcela, (San Marcel, como yo la llamo), excelente pediatra, increíble persona... gracias por todos sus cuidados más allá de lo médico, por su trato cálido, desinteresado, presente y profundamente humano.

A las enfermeras y a todo el personal del sanatorio, por sus manos, su paciencia, su compasión y por tanto amor puesto en cada gesto.

A todas las personas que se cruzaron en nuestro camino y dejaron huellas espirituales, emocionales, imborrables. algunas estuvieron un instante, otras un tramo más largo, pero todas formaron parte del milagro de seguir.

Cada una dejó en mi vida una marca que atesoro en mi corazón, porque llegaron en los momentos justos, para contener, sostener, apoyar, ayudar, y acompañar.

Son muchas, demasiadas y nombrarlas a todas sería casi imposible, pero todas y cada una vive en mi memoria, en mi corazón y en cada página de este libro.

Hoy soy lo que soy gracias a ustedes que me enseñaron a creer en el amor… en el amor eterno, el que nunca muere, porque pertenece al alma, no al tiempo.

Y, finalmente, a la vida, con sus misterios, sus causalidades, sus señales, sus pruebas y sus milagros disfrazados de desafíos. gracias por revelarme que nada es casual, que todo tiene un para qué, y que incluso en las noches más oscuras hay una luz que se enciende si uno se anima a creer.

Porque, aunque la vida sacude, el amor, en todas sus formas, en todos sus planos, siempre sostiene.

Y si aprendí algo en este viaje, es que cada vez que la vida me preguntó si podía, si merecía, si estaba lista…

La pregunta que me transformó fue siempre la misma:

¿y por qué no?

Índice

Introducción

No sé exactamente cuándo empezó este libro, lo cierto es que hay historias que parecen escritas por la vida misma, vidas que parecen escritas con tintas invisibles, fechas que regresan, señales que susurran y amores que llegan con un propósito.

Por eso, tal vez, esta historia comenzó, el día que yo nací, el 25 de diciembre de 1978, o el día que me enteré que iba a ser madre, siendo apenas una adolescente, o quizás empezó el día en que la vida me obligó a despedirme de mi hijo, demasiado pronto también.

Pero lo real es que habita en mí desde hace tiempo, y hoy, por fin, me animo a ponerla en palabras. No escribo desde el lugar de quien tiene todas las respuestas, escribo porque… a veces la vida nos pone en caminos que jamás esperamos o imaginamos. Caminos que duelen, que enseñan, que transforman.

Esta es mi historia.

La historia de una maternidad temprana, de una lucha inesperada y de una despedida que me partió el alma. Durante muchos años pensé que algunas cosas, *simplemente pasaban* hoy sé que no. Que hay señales, fechas que regresan, personas que aparecen justo a tiempo y coincidencias que no pueden explicarse solo con lógica. Y mi vida está llena de ellas.

Durante años guardé cada fecha, cada coincidencia, cada señal y cada gesto que parecían hablarme, y un día entendí que mi historia merecía ser escrita.

11

En estas páginas hablo de maternidad temprana, de pérdida, de aprendizaje, de gratitud constante, de vínculos que trascienden, de amigas que se vuelven familia, y de todas esas sincronías que me recordaron que el amor no termina. Porque si alguna vez me preguntan cómo seguí después de tanto... diré llena de coraje: ¿y por qué no?

Si la vida, a veces, sacude... pero el amor... el amor, siempre sostiene. Los invito a leer mi historia con el corazón abierto...

!!!Graciassss!!!

Capítulo 1: **Una vida**

Podría decirse que todo comenzó una noche de verano en Zavalla. Yo tenía 15 años y las cosas que más amaba eran jugar al vóley, dibujar, pintar, ir a la cancha los domingos a ver a Central y pasar tiempo con mis amigas. Éramos un grupo de chicas, distintas entre sí, pero unidas por un cariño incondicional que crecía a lo largo de los años, desde que nos conocimos en una sala del jardín de infantes. Éramos todas de Pérez, una ciudad tranquila en la provincia de Santa Fe, cerca de la ciudad de Rosario, pero varias de nosotras habíamos empezado a frecuentar mucho la localidad vecina, Zavalla, desde que nos habíamos quedado sin equipo de vóley local y habíamos decidido buscar otro lugar, en los alrededores, donde seguir jugando. Estábamos llenas de energía, de ganas de disfrutar y de hacer cosas juntas, *siempre*. Si bien algunas ya habían comenzado un noviazgo durante la adolescencia, yo formaba parte del team, "no queremos compromiso", pensábamos que eso era para más adelante, ahora era tiempo de estar entre amigas, de divertirnos y acompañarnos entre nosotras. También era tiempo de estudiar: éramos todas chicas sanas y responsables, vivíamos todo en su justa medida —yo, incluso, había sido abanderada y mejor compañera en los últimos años de la primaria—. Ahora faltaba poco para terminar la secundaria y nuestra mayor ilusión era pensar en el viaje de egresados. Nos imaginábamos todas juntas en Bariloche, era un sueño que se acercaba eminentemente. Lo que nunca habíamos pensado era cuánto podían cambiar las cosas de un año a otro.

A lo mejor debería decir que la historia que transformó mi vida comenzó un poco antes: el día que fui a Zavalla a entrenarme por primera vez. Esa tarde mi papá me llevó hasta el club, yo bajé del auto entusiasmada por ir a encontrarme con mis amigas y con ganas de descubrir cómo sería el nuevo equipo y el nuevo entrenador, así que no presté atención a lo que pasaba alrededor, pero resulta que en ese momento, mientras me despedía de mi papá y cerraba la puerta del auto, pasaban dos chicos en moto. Uno de ellos se quedó mirándome, sin que yo siquiera lo percibiera y muy convencido, le dijo al amigo:

—Esa flaca va a ser mía.

Me enteré de eso mucho tiempo después, cuando su deseo se había vuelto realidad.

Esa noche de verano en Zavalla estábamos con mis amigas en el bar, y cuando Manuel, entre el grupo de chicas de Pérez, reconoció a esa flaca a la que había visto bajar del auto, no dudó en acercarse. Empezó a hablarme sin ninguna timidez, y a la semana ya nos estábamos viendo de nuevo, esta vez solos.

Él tenía 17 años, dos más que yo, tenía auto y trabajaba. Me parecía un chico audaz, más libre y dispuesto a conseguir todo lo que se proponía. Sin embargo, me di cuenta enseguida de que, si empezaba algo con él, iba a ser algo serio, formal, y eso me asustaba. ¿Iba a faltar a mi palabra con el grupo del "no al compromiso"?

Siempre fui una persona flexible, dispuesta a sumarme a los planes que mis amigas propusieran, nunca me mantenía cerrada en lo que ya conocía. De la misma manera, con Manuel me dejé llevar y el 11 de marzo de 1995 nos pusimos de novios. Yo tenía 16 años, los había cumplido hacía un poquito más de dos meses.

Salir con Manuel me abría las puertas a una vida diferente. Mi familia era bastante tradicional y conservadora: mi papá tenía un trabajo estable como capataz en una metalúrgica, y cada mes traía el sueldo para que mi mamá, que era ama de casa, lo administrara.

En la familia de Manuel todo era distinto: sus padres trabajaban en la gastronomía y él había crecido con muchos altibajos: vivió temporadas muy buenas, pero también las de vacas flacas, donde había que hacer malabares para pagar gastos, incluso para comer. La conciencia de que el dinero había que ganárselo, y el espíritu emprendedor que había heredado, habían hecho que Manuel trabajara desde chico. A los 14 años empezó a lavar autos para amortiguar sus salidas y darse gustos. Intentó de todo, estuvo en crisis y se recuperó mil veces, al igual que sus padres. Para él eso era normal: para mí, en cambio, representaba una vida llena de aventura, y también de mucho riesgo, algo que nunca había estado presente en casa.

Durante ese tiempo nos veíamos solo los fines de semana. De lunes a viernes yo iba a la escuela, seguía haciendo deporte y compartía tiempo con mis amigas. Pero los sábados él me pasaba a buscar en auto o moto y me llevaba a pasear. Muchas veces íbamos a Rosario, algo que a mí me encantaba.

A los 5 meses de noviazgo tuvimos relaciones por primera vez. No se lo conté a nadie: yo era demasiado reservada con mis emociones o mis temas personales; aunque estaba segura de que podía confiar en mis amigas, rara vez hablaba de mis cosas si no me preguntaban.

En casa, la sexualidad era un tema tabú. Mi papá era de pocas palabras; con mi mamá hablábamos un poco más, pero no había mucha complicidad. No habíamos conversado ni siquiera cuando tuve la primera menstruación ni cuando llegaron los otros cambios de la pubertad, menos íbamos a hablar de relaciones sexuales.

Éramos cuatro hermanas mujeres. Edith, que en ese momento tenía 28 años, nunca había estado de novia; Mariela, con 24, solo había vivido alguna historia breve; Mirna, la de 20, en cambio, ya había tenido varios novios e incluso había llevado uno a casa a los 15. Creo que ella me abrió el camino para poder presentar a Manuel, con la edad que yo tenía, y que fuera bien aceptado. Mis padres no mostraban demasiado entusiasmo, pero tampoco me hacían muchos problemas.

Lo único que me decía mi mamá era:

— ¡Pórtate bien! Ojo con lo que haces.

Con Manuel, el día 11 de cada mes nos hacíamos un regalo. Cuando cumplimos 9 meses de novios, el 11 de diciembre, habíamos agotado los clásicos obsequios: ya le había dado chocolates, peluches, llaveros, fotos, flores… Por eso, esta vez quería ser más original. En esa época estaba de moda la película **Viven**, sobre los sobrevivientes de los Andes, en la que había una escena final muy emotiva con un par de zapatitos de bebé. Inspirándome en esa imagen que había quedado grabada en mi mente, y en pensar que cumplíamos 9 meses, algo que trae en mente un nacimiento, compré un par de escarpines y le escribí una carta en la que le decía: "te regalo uno y me guardo el otro, ojalá en un futuro podamos unir el par".

En ese momento me pareció una idea creativa, pero sin mucha más importancia. Desconocía el significado que tomaría después.

Para ese verano, organizamos unas vacaciones separados, cada uno con sus amigos, y también unas juntos, a Córdoba, con mis papás. Manuel había venido a casa un par de veces, apenas hacía unos meses que conocía a mi familia, pero mis papás me habían propuesto que lo invitara a las vacaciones, ya que ninguna de mis hermanas podía ir. Por supuesto, alquilaron una casa que tuviera tres habitaciones: una para ellos, otra para mí y otra para Manuel. Eso sería en febrero, pero primero yo iba a ir a Punta del Este con mi amiga Valeria y su familia.

Antes de ir de vacaciones, le dije a Manuel que tenía un atraso de una semana. No estaba preocupada, pero se lo comenté y él me propuso hacer un test de embarazo, por las dudas. Acepté, aunque estaba segura de que era solo para quedarnos tranquilos. Como en otras ocasiones, me tomaba las cosas con calma, sin que la ansiedad me invadiera.

Compré el test de embarazo y como tenía que ir a la casa de Valeria para terminar de preparar todo antes de salir de vacaciones, decidí hacerme la prueba en su baño. Cuando estaba esperando el resultado, entró de golpe ella, mi amiga. Me asusté y, apurada, tiré todo a la basura, pero ella se dio cuenta de lo que estaba pasando. Me miró sorprendida y no tuve opción más que contarle lo que me estaba sucediendo. Pero de inmediato le dije:

—No te preocupes, dio negativo —y salí rápido del baño—. Lo estaba haciendo solo por las dudas.

Sin embargo, ella no se conformó. Abrió el cesto de basura, tomó el test y fue a preguntarle a su madre:

—Ma, ¿este resultado qué significa?

— ¡Es positivo! —se espantó la mamá—. ¡¿De quién esss?!

Cuando vino para la habitación me lo dijo, yo no le creía, pensaba que me estaba haciendo una broma. Tardé en reaccionar, en darme cuenta de lo que significaba ese test positivo.

Creo que fui consciente cuando se lo conté a Manuel e hicimos los cálculos de cuándo llegaría ese bebé. Inmediatamente le dije:

—No voy a poder ir a Bariloche —refiriéndome a mi viaje de egresados.

Con mi clase habíamos ganado el viaje en un concurso de carrozas en el Día de la Bandera, en Rosario. Ya estaba todo reservado; con mis amigas no hacíamos más que soñar con ese momento. Era el cierre de una etapa única, maravillosa.

Manuel se tomó muy bien la noticia y trató de transmitirme calma. Me agarró de la mano y me prometió:

—No va a ser ahora, pero vas a conocer Bariloche, más adelante iremos juntos. te lo prometo.

Decidimos no decir nada por el momento y esa misma madrugada salimos de vacaciones con Valeria, como habíamos planeado. En esos días pensaba en el viaje frustrado y en cómo iba a darles la noticia a mis papás. Pero yo no era la única que estaba procesando la información. Antes de terminar el viaje, Valeria me dio una carta en la que me decía que todo iba a estar bien, y que todas nuestras amigas iban a estar felices de ser tías, que ese bebé iba a ser lo mejor que nos pudiera pasar, no solo a mí y a Manuel, sino también a cada una de ellas. Sus palabras me emocionaron mucho y me reconfortaron. Ya comenzaba a imaginarlo/a, a desearlo/a, a amarlo/a, sin conocerlo/a.

Al volver de las vacaciones, llegué a casa con todas mis cosas y, con el revuelo, la carta que me había escrito Vale se cayó al suelo. Y antes de que pudiera darme cuenta, mi hermana Mariela apareció en mi cuarto con un papel en la mano:

— ¿Me podés explicar qué es esto?

Primero me quedé muda. Luego, con voz temblorosa y lágrimas en los ojos, traté de decirle cómo habían sido las cosas y su primera respuesta, automática, fue:

—Papá y mamá se van a querer morir.

Al escuchar esa frase cayó sobre mí un gran temor: esa noticia sería una completa desilusión para mis padres.

Había crecido escuchando la anécdota de la desilusión que se había llevado mi padre cuando llegué al mundo por haber nacido mujer. Desde el principio él había esperado el varón y, después de haber tenido tres mujeres, estaba esperanzado con este nuevo nacimiento. Además, el doctor, íntimo amigo de él, sin ningún tipo de comprobación científica, le había asegurado que yo sería el ansiado varón hincha de NOB como él deseaba.

El día en que nací, un 25 de diciembre, mi papá esperó afuera de la sala, y apenas oyó mis llantos, escuchó al doctor decir:

—Noooo, ¡otra chancleta! ¿Y ahora qué mierda le digo al Aldo?

Esa historia se contaba entre risas en casa, aunque yo sabía que, después de esa desilusión inicial, mi papá me amaba. Además, sentía que me había ganado su respeto y su orgullo siendo una chica responsable, con buenas notas, que no traía problemas, era muy apegada y cariñosa con él. Ahora, en cambio, no podía dejar de pensar que ese orgullo se esfumaría y que le provocaría una gran tristeza.

Con los padres de Manuel había sido diferente. Su mamá había tenido el primer hijo a los 18 años, así que estaba claro que no se escandalizarían. Manuel se los dijo enseguida, sin dudar, y todo fue bien. Pero con mis papás la situación era otra.

Mariela, que ya estaba al tanto de todo, nos guio en los siguientes pasos: —No les digan nada ahora, porque les van a arruinar las vacaciones. Vayan con ellos a Córdoba, disfruten, y cuando vuelvan les cuentan. Y así hicimos. Pasamos unos días tranquilos en las sierras. Manuel congenió muy bien con mis papás, tanto que mi padre le confió su auto, que era lo más preciado para él, y lo dejó que manejara durante todas las vacaciones (él solo iba de copiloto).

Córdoba

Los días pasaron sin sobresaltos, hasta que, cuando se acercaba el momento de volver, llamé a mi hermana desde un teléfono público y me dijo:

—Nelda, acá ya se enteraron todos, hasta vinieron unos vecinos a felicitarte, así que apenas bajen del auto tienen que contarle a mamá y papá.

Le dije que sí, que lo haríamos, pero el temor que sentía era más grande y no sabía cómo hacerlo. Pasé todas las horas del viaje pensando en las palabras, pero nada me convencía. Me faltaba valor. Tenía tan solo 17 años, recién cumplidos. No quería darles otra desilusión.

Al llegar a casa, Mariela nos recibió tratando de entender si ya les habíamos dado la noticia. Al ver que los cuatro nos sentamos en la cocina a tomar unos mates y mis papás solo hablaban del viaje, Mariela se dio cuenta de que no habíamos dicho nada y empezó a darme patadas por debajo de la mesa para que habláramos. Solo estábamos nosotros en casa. Edith ya no vivía allí y Mirna, al saber de mi embarazo, había decidido irse de vacaciones con las amigas, para no estar en el momento en que cayera la bomba de la novedad.

Yo estaba helada, no podía pronunciar una palabra. Manuel, pálido, también enmudeció.

Entonces, ante nuestra inacción, Mariela lanzó:

—Bueno, acá hay una noticia para ustedes. Van a ser abuelos —dijo sin anestesia—. Mis papás abrieron los ojos:

— ¿Estás embarazada?

—No, no soy yo.

— ¡¿Mirna?!

23

—Tampoco. Ellos los van a hacer abuelos... dirigiendo su mano y su mirada hacia nosotros dos.

Tanto mi madre como mi padre quedaron totalmente atónitos. Yo bajé la vista, no sabía qué decir, habíamos pasado diez días juntos y se estaban enterando de ese modo. Parecía no encajar, estaban desconcertados. Todo había cambiado en cuestión de minutos. Con la cabeza gacha y los ojos llorosos, me esperaba algún reto o reproche. Sin embargo, después de estar callados por unos segundos que parecieron años, mi papá rompió el silencio:

—Bueno, ahora ya está. Es **UNA VIDA**, no es una enfermedad.

Después miró a Manuel, y agregó:

—Lo único que te pido es que no abandones el barco.

Él, rojo, y muy respetuosamente, aseguró:

—No, no, Aldo, quédese tranquilo que eso no va a pasar.

Capítulo 2: **Lo inesperado**

El 11 de septiembre de 1996 era un día templado, faltaba poco para el comienzo de la primavera y sabíamos que probablemente faltaba aún menos para la llegada del bebé. Ya teníamos todo listo para recibirlo, pero como no quisimos saber el sexo, habíamos preparado solo ropa blanca, beige y amarilla. Aunque una intuición nos decía que sería un varón, no queríamos ilusionarnos.

Ese día, a la hora de la siesta, mi panza, que ya estaba grande, se empezó a poner dura. Estábamos sentadas en la cocina con mi mamá y se lo comenté.

—Si sos como yo, lo vas a tener rápido, así que mejor vayamos al médico —me advirtió.

Llamamos a Manuel para avisarle y, mientras tanto, mi hermana, Mariela, me llevó a la clínica que quedaba muy cerca de casa.

Al llegar, me revisaron y decidieron comenzar con la inducción. Las contracciones fuertes no tardaron en aparecer y, después de un parto natural sereno y especial, se encendió la luz celeste, porque había nacido Gianluca, el bebé más esperado.

El 11 de septiembre en Argentina es el Día del Maestro, y en ese momento no lo supe pero, como en un presagio, había llegado a mi vida la persona que me daría las enseñanzas más grandes. "El maestro de mi vida".

El **11 de septiembre de 1996**, exactamente seis meses después de la carta que yo le había escrito el **11 de diciembre de 1995,** unimos ese par de escarpines.

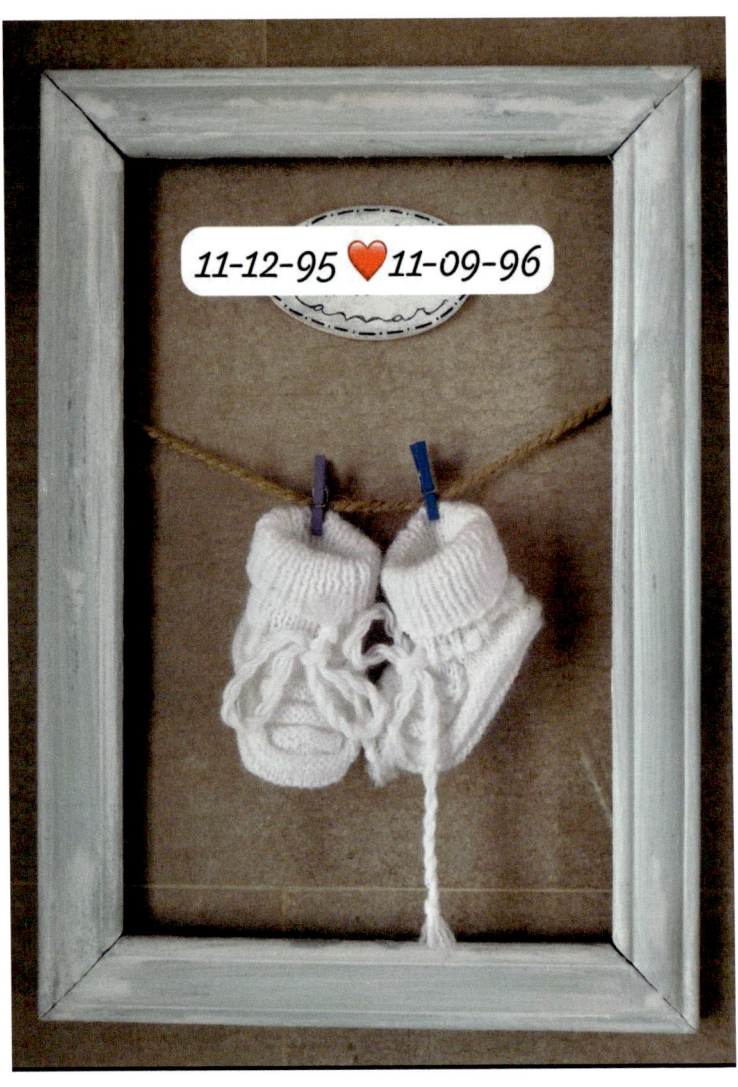

11-12-95 ❤️ 11-09-96

La primera en entrar a la sala de parto fue mi amiga Natalia. Me abrazó y con lágrimas de emoción me contó que la clínica estaba repleta de personas que querían conocer al bebé: todas mis amigas, compañeros de curso, mi familia y vecinos habían llegado hasta el lugar. Me llenaron de obsequios, ramos de flores, mimos y abrazos: la expectativa y el amor que rodearon a Gian desde el primer día fueron enormes. Había llegado el varón y en la **habitación 101** se respiraba aire de paz, de magia, algo difícil de explicar.

Mi papá estaba trabajando, pero apenas se enteró de que su nieto había nacido, fue a vernos.

Lo primero que le dijo al verlo fue: "mi chiquitín", como lo siguió llamando mientras estuvo con vida. Desde el primer momento se convirtió en su debilidad. ¡Finalmente había llegado el varón que tanto había querido en la familia! Fue una gran sorpresa y emoción para todos.

Mi mamá, mis hermanas y yo éramos de Central, pero con Manuel habíamos pactado que si era varón, sería de NOB como él y mi papá.

Al quedar embarazada había sentido que los iba a defraudar, en cambio, en ese momento sentí orgullo por haberles dado ese regalo, sobre todo a mi papá. Yo no fui el varón anhelado, pero sí fui quien se lo dio. Comenzaba a encontrar respuestas a algunas de las preguntas que revoloteaban en mi cabeza… ser mamá a los 17… ¿Y POR QUÉ NO?

Mi chiquitín

El amor de mi padre por Gian logró hasta lo imposible. Había intentado dejar de fumar mil veces y nunca había podido sostenerlo, pero cuando nació él, dejó enseguida, para cuidarlo. Sin embargo, ya era demasiado tarde, y el cuerpo le iba a pasar factura.

A la tardecita se fueron todos y nos quedamos solo Manuel y yo. Recién allí hubo silencio en la habitación 101 y pude intentar amamantar a Gian, pero dormía profundamente y no se prendía al pecho. Yo, mientras observaba su cabecita redonda, su blancura inmaculada, la perfección de su cara y su cuerpo, no paraba de pensar en el milagro de la vida. Todo me parecía un sueño. Cuando vino la enfermera y se enteró de que todavía no había tomado la teta, insistió en que volviera a probar hasta lograrlo.

Pasamos toda la noche intentándolo, pero lo poco que tomaba lo vomitaba. Cuando mi mamá se enteró al día siguiente, llamó a la pediatra. A los pocos minutos vinieron a verlo y, cuando la médica lo levantó del moisés, estaba morado.

—Está deshidratado, hay que llevarlo ya a Rosario —nos dijo.

Llegó al Hospital descompensado con un paro cardiorrespiratorio.

En ese momento no entendía demasiado la gravedad de la situación y mantuve la calma.

Estuvo en neonatología durante 5 días. Al haber tenido parto natural, tuve el alta enseguida, así que todos los días iba a Rosario a estar con él. Allí logré comenzar a amamantarlo y pronto se recuperó. El gran susto había pasado, por suerte llegamos a tiempo y ninguna secuela tuvimos que lamentar.

Después de la internación volví a vivir a mi casa, con mis padres y hermanas, donde luego traje también a Gian. Manuel se fue a su casa, con sus papás, en Zavalla.

Éramos chicos, no estábamos en condiciones de ir a vivir juntos todavía.

Al no convivir conmigo ni con el bebé, Manuel siguió teniendo un día a día acorde a su edad; en cambio, en mi vida todo fue diferente desde ese momento. Sentí un cambio rotundo, el desafío de ser mamá.

En casa recibí todo el apoyo necesario, pero mi mamá también me expresó desde el primer momento y con claridad que Gian era mi hijo y que la responsabilidad era mía.

En la familia se desvivían por él, lo mimaban y le daban toda su atención, pero era yo quien tenía que ocuparse de darle de comer, hacerlo dormir o bañarlo. Si quería salir con mis amigas, me lo llevaba. Pero eso no era un problema para nadie, porque todas estaban muertas de amor por Gian. Era muy bueno, se adaptaba y comportaba siempre más que bien.

Con mis 17 años me convertí en una mamá responsable, pero relajada. Nunca fui sobreprotectora ni alarmista; aprendí rápidamente a manejarlo sin miedos. Era como si un instinto se hubiera activado. Había noches en las que Gian no dormía porque le dolía la panza o el oído, y yo lo afrontaba con tranquilidad, lo acompañaba con amor y paciencia. A veces, cuando Gian estaba inquieto, mi papá lo escuchaba y se acercaba a la habitación. En un susurro, con su voz ronca, lo llamaba: "¿vamos, chiquitín?" Cuidadosamente lo alzaba y se lo llevaba a jugar al comedor.

Los fines de semana preparaba nuestras cosas y nos íbamos a Zavalla a la casa de Manuel. Allí también Gian era esperado y muy bien recibido.

En el verano, por diciembre o enero, Manuel decidió ir a la costa a trabajar la temporada como camarero en un restaurante. Al poco tiempo llamó diciendo que nos extrañaba y nos invitó a ir para estar con él. Fuimos con mi suegra y Gian, pasamos un tiempito allí y, en menos de dos meses, volvimos todos juntos para Pérez y Zavalla.

Manuel siempre fue muy emprendedor, todo el tiempo pensaba nuevas cosas para hacer. Cambiaba de trabajo con frecuencia, pero nunca estaba sin hacer nada: fue playero en una estación de servicio, puso un mayorista de golosinas, fue coordinador en una empresa de turismo… hasta vendió figuritas y claveles en la puerta del cementerio.

Nunca se quedaba quieto.

Cuando llegó marzo y Gianluca tenía 6 meses, retomé el secundario en una escuela nocturna, ya que el año anterior había tenido que suspender los estudios.

Iba a clases todos los días desde las 7:30 hasta las 11:15. Mi mamá cuidaba a Gian en ese horario y, como la escuela quedaba a media cuadra de casa, en el recreo me hacía una escapada para estar con él.

También comencé a dar clases particulares de dibujo y pintura en Pérez los días de semana y en Zavalla los sábados.

Cuando Gian cumplió un año, hicimos una fiesta en el club Nueva Unión, de Pérez, donde, una vez más, familia y amigos mostraron todo el amor que le tenían. Disfrutamos de un día precioso.

1 año Gian

Al día siguiente mi papá amaneció sin voz. Primero buscamos todas las explicaciones lógicas posibles: había estado muy cerca del ventilador, estaba cansado, el chop frío que había bebido, etcétera. Sin embargo, el síntoma no pasaba, así que mi hermana Mariela lo acompañó al médico y luego a hacerse estudios.

Los resultados fueron rápidos y devastadores: tenía un tumor en el pulmón que le había generado metástasis en las cuerdas vocales y el esófago. Estaba muy avanzado, había poco para hacer. Nos dijeron que la única posibilidad era comenzar los cuidados paliativos.

Yo siempre fui serena y no le tenía miedo a nada, pero sí al cáncer. Y, ahora, esa palabra que no podía ni nombrar había llegado a nuestra familia. Cuando escuché el diagnóstico me inundó un terror profundo. Intuía que ese iba a ser su final. Al mismo tiempo, no podía creerlo: un año atrás se había hecho controles y estaba todo bien. Es verdad que se alimentaba poco, era muy delgado, y había fumado toda su vida, pero aún era joven y tenía una vida por delante.

Él aceptó el diagnóstico con calma, pero al tiempo empezamos a notar un cambio en su carácter, cuando los síntomas empeoraron y aparecieron los dolores. Se enojaba por no poder comer, porque al poco tiempo ya no podía ni tragar. Tenía la panza dura e hinchada. Empezó a decaer de una manera terrible: su cuerpo se deterioró mucho en muy poco tiempo.

Durante esos meses, mi papá dedicaba la mayor parte del tiempo a estar con Gian.

Llegaba de trabajar y se ponía a jugar con él. Le ponía la camiseta de Newells para asegurarse de que su nieto siguiera su pasión.

Como empezó a pasar cada vez más tiempo desvelado, siempre escuchaba cuando Gian se despertaba en medio de la noche. En seguida se asomaba a nuestra habitación: "¿Vamos, chiquitín? Vamos con el abuelo". Yo sabía que quizás Gian debía dormir, pero, ¿qué podía hacer? Sabía que les quedaba poco tiempo para poder disfrutarse como abuelo y nieto, eso me partía el corazón.

Hasta la última semana no quiso estar en la cama. Solo se detuvo cuando no daba más. Mi mamá se mostró como una compañera de fierro, siempre a su lado y sin flaquear.

Todos tratábamos de acompañarlo como podíamos, e intentábamos transmitir fortaleza. Pero la realidad es que a veces decíamos: "Ya va a pasar, va a estar todo bien" pero sabíamos que no iba a ser así.

Se apagaba como una vela, sin que uno pudiera hacer nada. Las preguntas se abultaban en mi mente: ¿cómo se puede pasar de hacer una vida normal a estar así? Todo lo que tenía por seguro se derrumba en un momento.

A los 3 meses, el 16 de diciembre, falleció. Pasó todo tan rápido, pero lento a la vez, que aún me costó entenderlo. Cuando se fue, estaba internado en la clínica cercana a mi casa, en la misma habitación en la que había nacido Gian, la 101.

Durante el primer año como mamá, varias veces me pregunté por qué el embarazo no había ocurrido un poquito después, para darme la oportunidad de terminar la escuela y disfrutar el cierre de esa etapa con mis compañeras. Sin embargo, después de despedir a mi papá lo entendí. Si el embarazo llegaba un año más tarde, él se habría perdido de recibir a su nieto, al varoncito de Nob, que tanto deseó. Gracias a los tiempos en los que ocurrieron los hechos, no solo lo deseó, sino que también lo conoció, lo disfrutó y lo amó.

LO INESPERADO esta vez no fue una vida, sino una enfermedad.

Capítulo 3: **Seguir adelante**

Un día después de que mi padre falleciera me tocaba rendir el último examen para terminar el secundario. En la modalidad de la escuela nocturna se llamaba coloquio, y era un tipo de evaluación que se realizaba en grupo y que integraba las distintas materias del currículo. Con un grupo de compañeras habíamos hecho un trabajo exhaustivo y muy bien logrado, a pesar de que en el último tiempo ya lidiaba con la angustia por la enfermedad de mi papá. A pesar de todo, yo había decidido seguir adelante: y lo hice también el mismo 17 de diciembre cuando, después del entierro de mi padre, volví a casa, me pegué una ducha, agarré la carpeta, me fui a la escuela, me presenté al coloquio y lo aprobé. Me impulsaba el compromiso que tenía con mi grupo, pero también el deseo de terminar esa etapa para comenzar otra, para seguir adelante por mí y por mi hijo. Al finalizar el ciclo lectivo organizaron una pequeña graduación a la que asistí con Gian en los brazos.

Siempre había sentido la vocación de ser maestra, me gustaban mucho los niños y enseñar, así que, ya sabía que iba a seguir con la carrera de magisterio.

Todo continuaba con el mismo ritmo: de lunes a viernes estudiaba en Rosario y los fines de semana iba con Gian a la casa de Manuel y sus papás. Cuando estaba en mi casa, mi mamá solo cuidaba a Gian para que yo fuera a estudiar, el resto del tiempo me ocupaba cien por ciento de él. Si quería salir con amigas, lo llevaba. Para mí no era un problema: él era un bebé muy bueno y mis amigas siempre estaban felices de verlo y disfrutarlo. Ana, mi suegra tenía una actitud más cómplice, consideraba que yo también necesitaba disfrutar algunos espacios sola, algo que a mi mamá no se le pasaba por la cabeza. Durante los fines de semana en los que estábamos en su casa, muchas veces se ofrecía a cuidar a Gian para que Manuel y yo saliéramos.

Ella siempre me transmitía confianza y me mostraba toda la apertura y el coraje que en mi familia no había visto. Gracias a su empuje aprendí a manejar.

— ¿Vamos a dar una vueltita con el auto? —me proponía a la hora de la siesta. — ¡Me da miedo! —replicaba yo.

— ¡Qué miedo! Vamos, vamos —me decía, mientras agarraba las llaves.

Si teníamos alguna pelea con Manuel, Ana siempre estaba de mi lado. Sin importar que fuera su hijo, siempre estaba dispuesta a cuestionarlo si hacía falta. Recibí y aprendí mucho de ella. Éramos muy compañeras.

Manuel seguía teniendo una gran inquietud por progresar y buscar mejores oportunidades laborales. Cuando Gian tenía casi 5 años, decidió viajar a Europa con la intención de trabajar un periodo y analizar la posibilidad de que nos fuéramos juntos en un futuro. Trabajó un tiempo en un stud de caballos, pero no pudo resistir todo el tiempo que planeaba porque nos extrañaba demasiado. Decidió volver a la Argentina, pero se trajo la idea de que algún día iba a volver a España. Mejor dicho que íbamos a volver.

Con los ahorros que había logrado montó un taller de instalación de equipos de GNC en automóviles. Luego, empezamos a construir nuestra casita en un terreno en

Zavalla. Para ese entonces yo ya me había recibido de maestra y había empezado a trabajar, así que todo se iba acomodando para que pudiéramos establecer una vida en familia.

Levantamos una casa chiquita al principio, lo justo para poder vivir, con la idea de ampliarla en el futuro. Nuestra meta fue inaugurarla para el cumple número 6 de Gian, y así fue. Ese día, al mediodía, invitamos a comer a los compañeritos de la escuela, a la tarde vino la familia. Pasamos un hermoso día juntos. Por la noche, cuando todos se fueron, comenzamos una nueva etapa: estábamos los tres bajo el mismo techo.

Mi suegra era una de las personas que más compartió nuestra felicidad ese día, porque el hecho de que viviéramos separados realmente la afligía. Aquella tarde de cumpleaños e inauguración estaba emocionada y desbordaba una alegría enorme, que, lamentablemente, al tiempo se fue desvaneciendo.

Ella tenía 56 años y estaba en ese momento de la vida en el que pensaba dedicarse a disfrutar, a descansar, quizás también a viajar. Pero no podía permitirse nada de eso porque la situación económica de su casa, que siempre había sido cíclica, en ese entonces había empeorado. También las crisis familiares seguían yendo y viniendo como olas. Agobiada por la situación, y con el ánimo gastado, cayó en un estado depresivo. Cada tanto, decía: "estoy podrida, no aguanto más, no quiero vivir más", aunque Manuel la retara cada vez que la escuchaba, creo que era cierto: a los meses tuvo un ictus y, finalmente, el 19 de junio de 2003 falleció. Su pérdida llenó de tristeza nuestra casa. Durante las semanas siguientes, algunas noches, después de que apagaba todas las luces para ir a dormir, escuchaba que Gian lloraba, bajito, en su cama. Al principio no quería decirme por qué, hasta que me confesó que extrañaba a su abuela. Cuando murió mi papá él era muy pequeño, pero con mi suegra había compartido sus primeros años de la infancia, ella había sido muy importante para él. Lo llevé a un psicólogo que lo ayudó a expresar y procesar lo que estaba viviendo, a transitar el duelo de su abuela.

Cuando ya hacía un par de años que vivíamos juntos, empezamos a pensar en tener otro hijo. Lo deseábamos y dijimos: que venga cuando tenga que venir, estamos preparados para recibirlo. Y ese momento llegó muy pronto.

Cuando por segunda vez en mi vida tuve un retraso en el ciclo, no dudé: fui a la farmacia, compré el test de embarazo, y me dirigí a mi casa a sacarme la duda. Cuando estaba en el baño haciendo la prueba, sonó mi teléfono. ¿Y quién era? Valeria, la amiga que me había encontrado haciéndome el test que me trajo la noticia de la llegada de Gian.

— ¡Holaa! ¿Qué estás haciendo? —me dijo.

—Bueno, si te digo la verdad, ¡¡no me lo vas a creer!! Estoy en el baño haciéndome un test de embarazo.

— ¿¡En serio?! —estalló de risa— ¿Yyyy? ¿Qué dice?

—Ahora vamos a ver.

El resultado dio positivo y estábamos felices. Este bebé llegaba en una etapa distinta: teníamos casa, trabajos y éramos una familia más estable. Lo esperábamos con ansias. Gian, en un primer momento, reaccionó con escepticismo. De chiquito, él siempre nos pedía un hermanito; sin embargo, a medida que fue creciendo, empezó a decir que no estaba tan seguro, porque tenía un amigo con un hermanito pequeño que siempre molestaba y no los dejaba tranquilos. Cuando le dimos la noticia, creo que pensó: "Ahora me va a tocar renegar a mí". Sin embargo, con el tiempo, su hermanito se convirtió en su gran compañero. Se llevaban diez años y, aunque había muchas cosas que no compartían, tenían una adoración mutua.

Nos enteramos de que iba a ser varón y decidimos ponerle Fantino. El embarazo fue hermoso, me sentía con más energía y más vida.

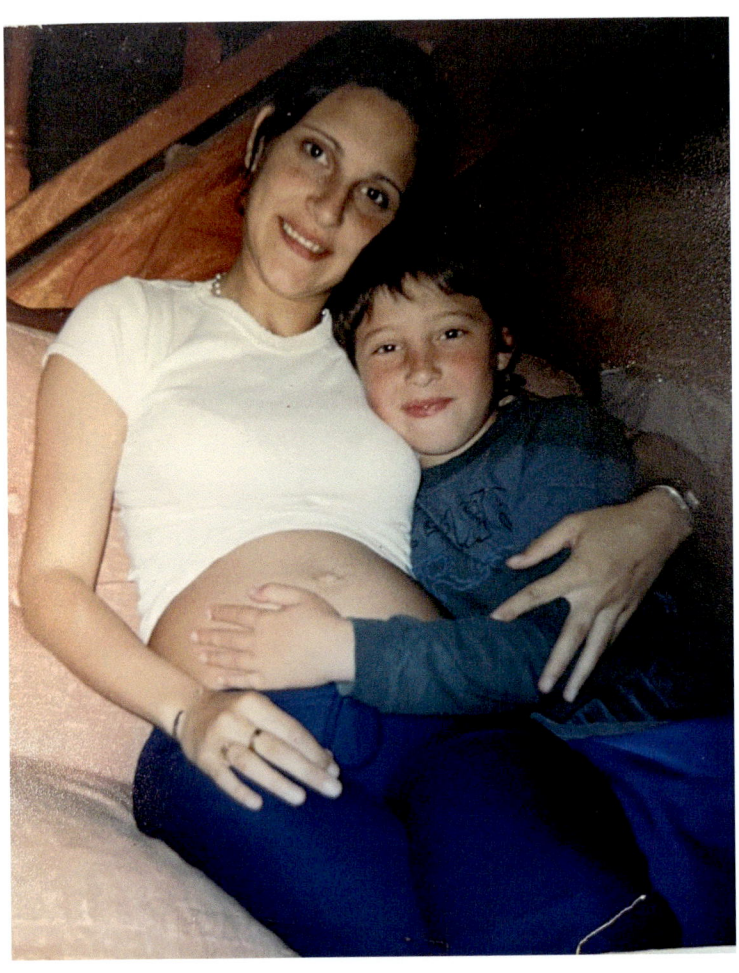

Faltaba casi un mes para la fecha de nacimiento cuando, un viernes por la noche, fuimos al casino con Manuel y, en medio del entretenimiento, sentí que había perdido el tapón. Al día siguiente, fuimos a la clínica, el médico me revisó y me dijo: "Está todo muy verde, tranquila, aún no es el momento".

Era febrero, así que el domingo al mediodía fuimos a un camping a pasar el día en la pileta, pero volvimos temprano porque Manuel tenía que ir a la cancha, jugaba NOB, de local y no se lo iba a perder. Yo me quedé con Melina, su prima, en casa. De pronto, mientras mirábamos la tele, le comenté:

—Ay, Meli, se me pone un poco dura la panza… Debe ser por el cansancio, me voy a descansar un poco.

Al rato, Melina se acercó:

—¿Y, Nel?

—No siento dolor, pero la panza se me pone dura —le dije.

—Esas son contracciones.

—¿Vos decís? El médico dijo que todavía falta.

—Vamos ya a Rosario —determinó y se fue a llamar un remis.

En ese momento llegó mi cuñada y Valeria, mi amiga, con su novio y se ofrecieron a llevarme en su auto a Rosario a la guardia. Entonces, me fui a duchar y les dije que no molestaran a Manuel porque no hacía falta. Estaba muy segura de que me iban a mandar de vuelta a casa. Cuando me estaba preparando para salir, Vale me gritó:

—¡Llevá el bolso!

Me pareció exagerado, pero le hice caso. Por suerte.

Al pasar por Pérez, empecé a sentir dolores. Luciano, el novio de Valeria, que conducía, comenzaba a ponerse nervioso, tenía miedo de que no llegáramos a tiempo. La situación avanzaba rápidamente. Al entrar a Rosario tuve que reclinar el asiento mientras mi cuñada sacaba un pañuelo blanco para que nos dejaran pasar.

Entré al Sanatorio sujetándome la panza. Mi obstetra estaba de vacaciones, así que fue el médico de guardia quien me revisó y me dijo que ya tenía algo de dilatación. En ese momento llamamos a Manuel, que se escapó lo más rápido que pudo del partido y se tomó un taxi. Vino justo, ya estaba en trabajo de parto.

Fue todo muy rápido. Llegué al sanatorio a las 8 de la noche y a las 10 Fantino ya estaba en la habitación. Nació con 3,600 kg, igual que Gian. También el mismo parto, rápido y natural. Al verlo, me pareció idéntico a su hermano, era como si estuviera reviviendo ese momento. La única diferencia fue que Gian había nacido todo blanco, cubierto por lo que me dijeron que era "el manto de la Virgen", y Fanti no. Pero, una vez limpios, eran iguales.

—En diez años, no perdí el molde en absoluto —pensé.

Cuando volvimos a casa, Gian había hecho un cartel de bienvenida para su hermanito. Estaba feliz. Esta vez, las visitas se hicieron más gradualmente y con más prudencia. Algunas amigas vinieron a la clínica, otras a casa, pero no se generó el tumulto que se había creado en la clínica con el nacimiento de Gian.

Para ese entonces, varias de mis amigas ya tenían hijos y eso no implicaba un mayor desinterés, sino mayor cautela frente a un recién nacido.

Todas habían formado hermosas familias, con buenos maridos e hijos preciosos. Diez años de diferencia se notaban, pero seguíamos siendo inseparables e incondicionales. Nos conocíamos tanto que no hacía falta explicar nada.

Siempre hubo, y aún hay, entre nosotras, una lealtad enorme y una transparencia que mantenía la confianza intacta. Disfrutamos muchísimo la incorporación de Fanti a la familia, criándolo en casa y a nuestro gusto. Con Gian había recibido muchas opiniones e intervenciones; ahora, en cambio, yo contaba con más autonomía. Lo tenía en brazos todo el tiempo, dormía con nosotros y podía comprarle lo que consideraba necesario sin pedir ayuda ni permiso a nadie. Manuel estaba presente, y Gian acompañaba mucho también.

Antes de la llegada de Fanti, Gian iba a la escuela en Pérez, cerca de la casa de mi mamá, mientras yo trabajaba también en una escuela allí. Al pasar a cuarto grado, le propuse cambiarse a la escuela de Zavalla, porque cambiaba al turno mañana y se me complicaba llevarlo. Enseguida estuvo de acuerdo y aceptó el cambio. Fanti nació en febrero y en marzo Gian empezó en su nueva escuela.

No tuvo ningún problema de adaptación e hizo amigos rápidamente. Era un chico muy responsable e independiente: a la mañana se levantaba solo, se preparaba algo para desayunar y partía con su bicicleta rumbo a la escuela, a la tarde iba a fútbol de lunes a viernes y realizaba otras actividades junto a sus amigos. Se manejaba con total autonomía.

Yo seguía yendo a trabajar a Pérez hasta que, cuando Fanti tenía tres años, conseguí el traslado a la escuelita del Parque, en Zavalla. Aunque me gustaba mucho mi trabajo anterior —una escuela con chicos de realidades muy duras donde podía brindar contención—, la comodidad de no viajar 15 kilómetros por ruta todos los días era muy grande.

43

Cataratas del Iguazú

Empezamos a disfrutar de una vida más tranquila durante el año y, en el verano, comenzamos a ir de vacaciones los cuatro juntos. Nos gustaba mucho pasear y viajar para conocer nuevos lugares. Disfrutábamos cada momento libre en familia. Transitábamos todo con calma, incluso la adolescencia de Gian se había presentado sin conflictos ni preocupaciones. Habíamos logrado una estabilidad económica y familiar. Fanti había llegado para completar la familia. Gozábamos todos de buena salud, agradecíamos y valorábamos mucho eso. Habíamos aprendimos que, a pesar de los sacudones que te da la vida, teníamos que **SEGUIR ADELANTE...**

Capítulo 4: **Los 16**

Es una VIDA, no es una ENFERMEDAD", nos había dicho mi papá al recibir la noticia de la llegada de Gian. Y cuánta razón tenía. Un embarazo puede trastocar planes, causar desilusiones o preocupaciones, pero las verdaderas malas noticias son otras.

Cuando tenía 15 años, Gian empezó a tener dolores de panza, sobre todo en la boca del estómago. A veces le dolía después de jugar al fútbol o al terminar de comer, pero al rato se le pasaba y seguía con su vida normal.

Hasta que una vez me llamaron de la escuela porque tenía un dolor fuerte, y decidí llevarlo al médico.

—Lo reviso ahora, pero después hay que hacerle estudios, porque con los dolores abdominales no hay que dejarse estar —me dijo el doctor.

No me alarmé, pero le hice caso y, después de que él lo revisó, pedí turno con un gastroenterólogo en Rosario que ya había atendido a mi suegro y era conocido como un buen médico. Le conté que Gian tenía episodios aislados de dolor y él me preguntó cómo era su actitud o su personalidad.

—Es tranquilo, pero es un poco autoexigente —le dije.

Al finalizar la historia clínica, me dijo que podía tratarse de una gastroenteritis nerviosa debido a esa manera de procesar las cosas.

Lo revisó, le hizo una ecografía y me dijo que no veía nada raro, que seguramente sería solo eso. En septiembre

Gian cumplió 16 años. Dos meses más tarde, se fue con su papá y unos amigos a Mendoza a ver un partido de Newell's. Cuando estaban de viaje, Manuel me llamó y me comentó que Gian había tenido dolor durante el viaje, y que estaba con náuseas y vómitos. Me dijo que lo notaba débil, desganado, que incluso parecía tener unas líneas de fiebre, pero que quería ir igual al partido.

Cuando volvieron del viaje me encontré con un Gian pálido y con los ojos amarillos. No había comido nada porque tenía el estómago revuelto. Lo llevamos enseguida a una guardia en Pérez.

El médico nos dijo que podía tratarse de una hepatitis, a lo que le comenté que él ya había tenido hepatitis a los 10 años, casi sin síntomas. De todas maneras, hicieron los análisis para ver si podía tratarse de otro tipo de hepatitis. Pero no, el resultado fue negativo.

Gian cada vez estaba peor, ahora no solo le dolía la boca del estómago, sino también mucho la espalda. Prácticamente no podía levantarse.

—Vamos a llevarlo a Rosario —le dije a Manuel, que es lo que se hace en todos los casos graves.

Me dijo que antes llamaría a su amigo Fede, porque su mujer, Marcela, era pediatra y quizás podía verlo. Nos contactamos rápidamente y, apenas le explicamos los síntomas, me dijo que lo llevara a su casa en ese mismo momento para revisarlo. Después de verlo nos dijo que había que hacer nuevamente una ecografía y análisis urgente. Habló con la bioquímica y el ecógrafo para hacer todo ese mismo día y tener los resultados lo antes posible.

Después de los estudios, Gian se quedó en casa; Manuel iba y venía del talle para verlo, y yo me fui a trabajar.

Estaba en la escuela cuando Marcela me llamó y me dijo:

—Mirá, Nelda, la parte hepática no está bien, así que lo vamos a internar en el Sanatorio de Niños para hacerle mejores estudios.

Me sorprendió que quisiera internarlo, me preguntaba si era necesario, pero no me alarmé. Seguía pensando que podía ser un ataque al hígado causado por algo que había comido. Marcela me explicó que, estando internado, podían hacerle todos los estudios de una vez y no tendríamos que estar llevándolo de un lado a otro para que nos den un diagnóstico, y me pareció una decisión sensata.

Nos dirigimos al Sanatorio en Rosario. Gian estaba débil y con dolor, pero caminaba. Una vez que hicimos el ingreso, una enfermera nos dijo que pasemos al sector de internación. Apenas cruzamos la puerta, la primera imagen que se me presenta es la de una madre que llevaba a su hijo en silla de ruedas. El chico estaba amarillo, pelado, y vestía una bata blanca.

—¿Cómo estás, Ester? —le preguntó alguien por el pasillo.

—Bien, todo bien —respondió con una sonrisa.

"¿Cómo una madre en esa situación puede decir "todo bien?", pensé.

No podía entender cómo esa madre todavía podía sonreír.

Admiré profundamente su fortaleza porque seguía sosteniendo que yo en su lugar nunca podría decir "todo bien".

Internaron a Gian, lo vieron los médicos y nos dijeron que el conducto biliar estaba obstruido, que había que intervenirlo urgente para frenar la infección. Le pusieron

49

un stent y le dieron antibióticos. Al día siguiente ya tenía otro color; era otro.

El médico vino a verlo y le explicó:

—Bueno, Gian, apagamos el incendio a tiempo. Ahora hay que ver qué estaba bloqueando el conducto. Es probable que sean cálculos.

Para entenderlo, le hicieron una resonancia. Yo sabía que iba a estar varios días con él, así que pedí licencia en el trabajo.

Para completar la documentación necesaria para la licencia, tenía que pedir la firma del profesional así que salí de la habitación para buscarlo y me dirigí hacia la sala de médicos. Cuando estaba en el pasillo, vi de espaldas al doctor hablando por teléfono, y me paré unos metros atrás para no interrumpirlo. En ese momento, escuché que, por celular, decía:

—Julia, le hicimos la resonancia al chico de la 38 y tiene una masa tumoral en el páncreas.

Me quedé helada. El chico de la 38 era Gian. Cuando el médico se giró y me vio, se metió rápido a la sala médica. Sentí que me derrumbaba, tuve que apoyarme en una camilla del pasillo porque se me puso todo negro. Empecé a temblar. En ese momento llegó mi hermana y le conté lo que había escuchado. Me dijo que no podía ser, que me tranquilizara porque seguramente había un malentendido. Yo había escuchado bien, lo que nunca hubiera querido escuchar. Me agarró una crisis de nervios. No podía para de llorar. Se me durmieron las piernas y las manos. Mi hermana me llevó al sanatorio de adultos al lado donde tuvieron que asistirme y tranquilizarme. "¿Cómo vuelvo a la habitación, cómo hago para mirarlo sin decir nada?", pensaba. Mirna, mi hermana, trataba de consolarme, me seguía diciendo que tal vez no era tan grave. Por momentos creía a sus palabras y me decía a mí misma que quizás no era un diagnóstico tan malo, pero después se me venía a la mente mi papá en sus últimos días y sentía que el mundo se me venía abajo. Con todo el dolor del alma lo había aceptado con mi padre, pero no iba a poder con mi hijo.

Tenía 16 años, la misma edad que yo cuando quedé embarazada...y las palabras de mi padre volvieron a encenderse en mi mente como una alarma.

Marcela, la médica, se enteró y vino enseguida a verme, a pesar de que estaba en la celebración del aniversario de bodas de sus padres. Al llegar me abrazó fuerte y me dijo, tranquila, voy a estar con ustedes. Ella sabía que el camino iba a ser duro, pero de su mano todo era más fácil y llevadero. Tanto a Gian como a nosotros nos guiaba y acompañaba en absolutamente todo. Excelente profesional, pero distinguida como persona. podría decirse que, se puso el equipo al hombro. Luego llegó Julia, la oncóloga, una mujer mayor y muy seria. Me confirmó lo que había escuchado y me dijo que había que tomar una muestra para saber qué era exactamente y ver si había posibilidad de un tratamiento. Dos días más tarde Gian entró al quirófano para que le tomaran la muestra. A la media hora, nos llamaron. En la sala estaban el doctor Rímolo (cirujano), Marcela, otro médico, Manuel y yo.

—No pudimos llegar bien porque estaba todo muy pegoteado —nos informó Rímolo—. Sacamos una pequeña muestra. Pero el panorama no es bueno, está muy avanzado y por las características que pudimos ver parece ser muy agresivo. Estamos complicados. No sabemos si habrá algo por hacer. Ahora hay que esperar la biopsia.

Me saqué los lentes y los tiré al piso. Sentí que me desvanecía. El aire se me hizo denso, no podía ni respirar. Me enojé terriblemente con Dios, con toda la fe que había tenido hasta ese momento.

Nos dijeron que el cáncer de páncreas en chicos era extremadamente raro. "¿Y por qué justo a él?", me preguntaba.

El otro médico, Pablo me dijo:

—Tranquila, mamá, que los milagros existen.

—¿Me estás diciendo que mi hijo necesita un milagro para seguir viviendo? —respondí. Marcela me abrazó y me llevó a la habitación. Me dijo que iban a dejar internado a Gian en terapia intensiva, no porque él lo necesitara, sino para que nosotros tuviéramos un espacio para llorar y descargar antes de reencontrarnos con él y volver a ser estar fuertes, para afrontar lo que se venía.

Enojada y decidida a no creer más en nada, le pedí a mi cuñado que me llevara una escapada hasta el cementerio y le hablé a mi papá: "Por favor, no te lo lleves". Es mío…lo necesito acá conmigo…le supliqué una y otra vez.

Al rato empezaron a venir mis amigas, la familia, el sanatorio se llenó como cuando él nació. Al día siguiente salió de terapia y lo recibimos con la mayor fortaleza que logramos tener, no queríamos transmitirle nuestra preocupación.

Los siguientes días pasaron llenos de visitas y compañía. Los amigos de Gian, y también sus padres y sus madres iban al sanatorio a verlo. La conmoción fue enorme. Hacían cadenas de oración, y nos llenaron de estampitas, medallitas, rosarios, notitas y otros amuletos personales. Todos querían colaborar. Cada cosa tenía un valor especial, todas tenían una única finalidad, ayudar a sanar. Porque todas y cada una fueron entregadas con Amor y nos invitaban a creer en eso que ellos habían podido crear, en el Milagro.

Mi hermana Mariela, madrina de Gian, la que me había sostenido, acompañado y ayudado cuando supimos que venía Gian, al enterarse del primer diagnóstico, se encerró en sí misma y no vino ni siquiera una vez al sanatorio. Me pidió disculpas, y me dijo que en esta no tenía fuerzas para acompañar. Se negó a aceptar la realidad.

Mi mamá igual, no supo, ni pudo acompañarme en este momento tan difícil para mí. La entendí, pero creo que ella no me entendió a mí.

En cambio, Mirna, la que aquella vez se había mantenido al margen de la situación, esta vez estuvo firme a mi lado, desde el minuto cero. Y mis amigas, las incondicionales, por supuesto, todas también, estuvieron al pie del cañón.

Dos semanas después llegó el resultado de la biopsia.

La oncóloga nos informó:

—Dentro de la mala noticia que recibieron, no se puede decir que ahora tengo una buena, pero es lo mejor que podíamos esperar: se trata de un cáncer pediátrico, un pancreatoblastoma, que puede tener tratamiento. En Argentina no hubo casos, así que voy a contactarme con médicos que sí lo han tratado en otros lugares. Esto significa que hay una lucecita. Si hacemos el tratamiento, hay esperanza.

Con sus palabras me tranquilicé un poco. Al menos había una posibilidad y teníamos que aferrarnos a eso.

Hasta ese momento, Gian no sabía nada que había oncólogos de por medio; solo le habían dicho que estábamos esperando un resultado para saber qué le obstruía el conducto.

Después de darnos el diagnóstico, la oncóloga nos dijo:

—Hay que decirle a Gian.

—¡¡¡Noooo!!! ¿Para qué? Él ahora se siente bien, no hay por qué decirle. Va a ser un golpe muy duro—me opuse.

—No, mamá. Él tiene que saber contra qué va a luchar. Es grande y ya sabe que pasa algo. Acepté a regañadientes; me negaba, pero sabía que tenía razón.

Pasaron unos días hasta que Gian recibió la noticia. La oncóloga intentó varias veces ir a hablar con él, pero cada vez que entraba a la habitación veía a Gian rodeado de amigos, jugando a la Play o riéndose. Así que le hacía unas preguntas y se iba. Cuando le preguntaba a ella si le había dicho, me respondía:

—No, es que está tan contento con sus amigos, que ahora no quiero arruinarle el momento.

Sin embargo, afuera del hospital, la noticia empezaba a correr. Algunas amigas me decían que a las personas que venían a verlo con mala cara o poca energía ni había que dejarlas entrar. Armaron un grupo de WhatsApp en el que yo no estaba para dar las noticias y evitar que todo el mundo me preguntara. A mí no me molestaba, pero es cierto que a veces no tenía fuerzas para contestar, y ellas lo sabían, así que se encargaron de todo. También los amigos de Manuel y la familia estuvieron cerca.

Como a Julia le resultaba difícil encontrar un momento en el que Gian estuviera solo, le pidió a Alejandro, el gastroenterólogo, con el que Gian tenía mucha confianza, que hablara con él. Con esos gestos, me di cuenta de que la oncóloga, aunque parecía fría, tenía un corazón enorme y sufría junto a sus pacientes.

Al día siguiente, Alejandro vino a la habitación cuando, junto a Gian, solo estábamos Mirna y yo. Nos hizo seña de que saliéramos. Desde afuera, sin hacerme notar, escuché la conversación.

—Gian, ya tenemos los resultados.

—Ah, ¿sí? ¿Y?

—¿Viste cuando dejás una hamburguesa en el freezer y se pegotea toda? Bueno, algo así encontramos en tu páncreas. Tenemos que achicar esa masa y para eso hay que hacer un tratamiento que se llama quimioterapia. ¿Escuchaste esa palabra alguna vez?

—Sí.

—Bueno, si logramos achicarla lo suficiente, la sacamos y eso sería un golazo. Es un pancreatoblastoma, un tumor pediátrico muy poco frecuente.

Después de un silencio, continuó:

—Yo sé que esto te va a poner mal porque no es una linda noticia. Cuando yo salga de esta habitación, enojate con quien quieras, pegale a la pared, llorá, mordé la almohada, descargate… pero después vas a tener que levantarte, lavarte la cara y seguir. Tómalo como un partido de fútbol. Habrá días en los que sentirás que te ganan por goleada y otros en los que vas a ir ganando vos. Vas a tener altibajos, pero vas a tener a tu familia, a tus amigos, y a todo el equipo médico al lado tuyo. Vamos a armar un buen equipo y vamos a salir adelante, vas a ver. Te lo prometo.

Cuando Alejandro salió de la habitación, permanecimos afuera. Escuché que Gian se largó a llorar fuerte. Me moría de ganas de entrar y abrazarlo, pero no quería invadirlo, así que esperé. Al ratito, escuché que se levantó, fue al baño y se lavó la cara. Ahí entré a la habitación.

—Alejandro te contó un poquito del diagnóstico —le dije.

—Sí. Ahora déjenme —respondió y se acostó dándome la espalda.

Se quedó en silencio incluso hasta la tarde, cuando lo trasladaron para realizarle otro estudio (PET), para controlar si había metástasis en otras partes del cuerpo además del hígado. Yo lo acompañé en la ambulancia, pero él seguía sin hablar. Solo asentía o negaba con la cabeza cuando le preguntábamos algo. Cuando volvimos al Sanatorio y a su habitación, después de los estudios, se sentó en la cama y me dijo:

—Mami, ¿merendamos? ¡¡Tengo un hambreee!!

Ahí empezó a hablar de nuevo y me volvió el alma al cuerpo. Fui a comprarle algo rico y merendamos juntos. Todo se empezaba a encaminar.

Comenzó a ponerle todo el ánimo al partido, como le había dicho Alejandro. Al principio los amigos no sabían si él los iba a querer recibir, pero Gian dijo que sí y enseguida la habitación volvió a llenarse de visitas y de risas.

Alejandro nos había dicho que lo importante era la unión, que todos tiráramos para el mismo lado, que él sintiera que éramos un verdadero equipo. Le dijimos que confiábamos totalmente en el personal médico, y que si teníamos dudas les consultaríamos con respeto, porque todo era nuevo para nosotros. También le comentamos que haríamos interconsultas si hacía falta, incluso fuera del país; y él nos respondió que les parecía perfecto, que ellos también lo estaban haciendo. Julia nos dijo que estaba conectándose con colegas de Israel y Estados Unidos, que para ella también era un desafío. Con tantos años de experiencia nunca había tratado este tipo de cáncer.

En lo espiritual hicimos lo mismo: no nos quedamos quietos. "Hay un cura sanador en tal lado", nos decían, y allá íbamos. Poníamos en la habitación todas las estampitas y amuletos que nos daban, por más particulares que fueran. No había una religión, todo era bienvenido.

A Fanti le dijimos que su hermano estaba enfermo y que tenía que estar internado, pero evitamos usar la palabra cáncer. Nuestro momento de desahogo era durante el viaje de Rosario a Zavalla. En el sanatorio teníamos que estar firmes por Gian, y en casa también por Fanti. A veces, algunos amigos se quedaban a dormir con Gian para que pudiéramos descansar o quedarnos en casa y ocuparnos del más chico.

El médico también nos aconsejó que distribuyéramos bien las tareas y que, a las personas que se ofrecían, les dijéramos puntualmente cómo podían ayudar. Mi carácter no sirve para dar órdenes, ni para delegar, pero, por suerte, algunas amigas tomaron esa tarea y organizaron al resto de la gente. Siempre hubo un buen clima entre todo el entorno. Armamos un hermoso equipo, y hasta construimos una hermosa familia ahí dentro: médicos, enfermeras, administrativas.

A los pocos días, Julia nos avisó que ya tenía en sus manos el protocolo de Estados Unidos donde habían tratado un caso similar y que podíamos empezar con la quimioterapia. Gian recibió la primera dosis y la toleró muy bien. Le explicaron que se le iba a caer el pelo bastante rápido y que podría perder el apetito, aunque esto último nunca le pasó. Volvimos a casa con esas advertencias, pero con bastante ánimo. Tres o cuatro días después, una mañana, pasó mucho tiempo encerrado en el baño. Nos llamó la atención, pero, aunque nos moríamos de intriga, no le preguntamos nada. Cuando finalmente salió, nos contó que se le habían empezado a caer los primeros mechones de pelo y que ya había hablado con Daniela, la mamá de un amigo, que era peluquera y que iba a ir esa misma tarde a raparse. Los amigos enseguida dijeron que lo acompañaban.

Daniela lo peló a él primero y, uno por uno, todos los chicos pasaron por la silla para quedar iguales. Salieron de allí, los 19, todos pelados, y riéndose por el acto de heroísmo que acababan de hacer, partieron para la casa de Matías a merendar y a sacarse fotos. Dos compañeros que estaban de viaje en Bariloche no quisieron quedarse afuera: se pelaron allá y mandaron la foto al grupo.

Más tarde nos enteramos de que esa misma mañana, cuando vio caer el primer mechón, se había quedado en el baño escribiendo una carta. La publicó en Facebook y la tituló: "¿Qué te pasa, vida?"

A él también le llegó un desafío a **los 16**, pero en su caso era mucho más duro… ganarle a la vida.

Capítulo 5: **¿Qué te pasa, vida?**

Por Gianluca

La vida me quiso jugar de contraataque, se olvidó que tengo de defensa una muralla, que deja la vida en cada jugada. Se olvidó que en el medio manejo un juego ideal, que es la cabeza del equipo y te da la confianza necesaria para jugar a dos toques.

Se olvidó que mi delantero no te perdona, que el enganche te banca en todas, donde el nueve tiene un cañón y los puntas, la mira del mismo. Se olvidó que mi DT es un tipo con actitud, carácter y confianza, él creó la estrategia necesaria para afrontar al rival, él es más que un simple DT.

También parece ser que se olvidó que mi DT tiene un cuerpo técnico inigualable, que está en todas con él, que nunca lo dejan solo y ayudan, saben que todos juntos piensan mejor que una cabeza.

¿Qué te pasa vida? *¿Se te frunció el c…? Espérate, porque esto no termina acá.*

¿Sabes qué, vida? Te olvidaste de que mi hinchada es la más grande del interior, que mete fiesta en todos lados, que en cualquier cancha es local, que deja la vida por los colores, que deja todo y va a verte. ¡Que dejaría todo por verme campeón!

Suerte vida… El partido recién comienza y te doy la ventaja de saber mis planes. Que gane el mejor.

Capítulo 6: **Vivir intensamente**

El 2013 fue un verdadero terremoto. Todo era tan fuerte y tan nuevo, que costaba asimilar lo que estábamos viviendo. Sin embargo, no dudamos en meternos de lleno a aprender qué debíamos hacer como familia, cómo podíamos acompañar a Gian de la mejor manera. Hasta ese año, jamás habíamos pisado un sanatorio y, de repente, tuvimos que interiorizarnos en cada detalle de la enfermedad y los cuidados.

Muy pronto entendimos que, en este tipo de enfermedades, la parte emocional juega un papel enorme. Sabíamos que si flaqueábamos ahí, retrocederíamos mucho, así que tratábamos de mantenernos firmes. Ver a Gian afrontar todo con confianza y seguridad, a pesar de su edad, nos daba una fuerza inmensa: sentíamos que podíamos seguir adelante gracias a la actitud que él transmitía. Algunos amigos nos decían que era al revés, que en realidad su fortaleza venía de cómo estábamos parados nosotros. Y quizás tenían razón. Empezamos a comprender que era un círculo, una retroalimentación de fortaleza constante.

Cada uno buscaba su momento y su lugar para desahogarse, pero después había que mostrarse fuertes: como familia y con los amigos, evitando discusiones o caras de preocupación.

Más allá de seguir al pie de la letra las indicaciones médicas, comenzamos a buscar un porqué. Averiguamos si podía ser hereditario, si tenía que ver con la alimentación o con el ambiente. Tratábamos de encontrar una causa, hasta que un médico en Buenos Aires nos dijo: "Mami, esto no es más que mala suerte.

No se puede encontrar una sola causa o un motivo directo". Después de habernos comido la cabeza con preguntas, tuvimos que aceptar que se trataba de una enfermedad rara, sin un desencadenante claro. Simplemente, nos había tocado, y había que aceptarlo.

De a poco, esa pregunta que me torturaba al inicio — "¿por qué a él?" — se fue disolviendo y dio lugar a otra, más humana y realista: "**¿Y POR QUÉ NO?**". Conocimos a otras familias y nos dimos cuenta de que esto pasaba más seguido de lo que uno imagina.

Después de la primera quimio, cuando Gian perdió el pelo, una tarde estábamos paseando por el hospital, saludando a los profesionales, riéndonos con sus chistes. En ese momento recordé aquella primera imagen que me había impactado al llegar: una mamá que, con su hijo en silla de ruedas, respondía "todo bien" cuando le preguntaban cómo estaba. Ahora era yo la que decía "todo bien", la que sonreía al lado de su hijo con cáncer. Apenas cuarenta días antes había pensado que sería imposible estar entera en una situación así, pero ahora podía ver el escenario completo: teníamos un diagnóstico, sí, pero también tenía a mi hijo al lado, se estaba tratando en un buen centro médico, estábamos peleándola juntos.

En el sanatorio veía a otras mamás que estaban solas porque vivían lejos y habían tenido que mudarse a Rosario para recibir buena atención médica; familias que ya habían perdido un hijo y estaban acompañando a otro en tratamiento; tantas historias iguales o más duras que la nuestra. Nosotros, por nuestra parte, estábamos acompañados, contenidos, con la tranquilidad económica de poder hacer una pausa en el trabajo y ocuparnos solo de Gian. ¿Cómo no sentirme agradecida por todo eso?

Un día, de camino al sanatorio, Gian se detuvo en una casa de deportes y vio un conjunto deportivo hermoso. Días después, ya en la habitación, me preguntó: "¿estará ese conjunto todavía?". Le respondí que, si a él le gustaba, iba a buscarlo y se lo compraba. Me miró y asintió con ilusión. Mientras caminaba hacia la tienda, me asaltó la pregunta: ¿llegará a usarlo?

Recordé las palabras de Marcela, la médica: "¿Lo ves bien ahora a Gian? Entonces pensá en eso, centrate en el hoy". Lo compré, y al final lo disfrutó y lo usó muchísimo más de lo que los médicos habían pronosticado.

Había momentos, sin embargo, en los que la ansiedad y la incertidumbre eran abrumadoras. Cuando llegaban las fechas de los primeros controles, se nos mezclaban mil sensaciones. Queríamos que pasaran rápido para cerrar esa etapa, pero al mismo tiempo deseábamos que el tiempo se frenara, porque teníamos miedo de los resultados.

En su entorno, todos hacían cosas para animarlo. Una vez, un amigo consiguió que los jugadores de Newell's salieran a la cancha con una bandera con su cara que decía: "Fuerza, Gian". Otra amiga le consiguió una camiseta firmada.

Un día, un chico que no conocíamos hasta el momento, le ofreció hacerle reiki en el sanatorio; Gian aceptó y empezó a ir cada semana. Una vez lo acompañó otra chica, Valeria, quien terminó convirtiéndose en una gran amiga. Vale lo visitaba por las mañanas, le preguntaba qué quería comer ese día y se iba a su casa a cocinárselo. Enterada de su fanatismo por Newell's, prometió llevarlo a un entrenamiento. A pesar de que no tenía ningún contacto, se movió tanto que un día lo logró. También le cumplió su deseo de ir a ver Las Pastillas del Abuelo, hasta tuvo una charla y tomó un trago junto a Piti, el cantante, después del show.

La quimioterapia duró casi todo el año, y después vinieron las sesiones de rayos. Cuando terminaron, la médica nos dijo: "hasta acá llegamos, ya hicimos todo lo que podíamos". El día que íbamos a conocer los resultados de los controles, Marcela nos citó en su casa. Nos dijo que el estudio había salido bien, que la actividad tumoral se había detenido y, literalmente, saltamos de alegría. Los propios médicos estaban sorprendidos. La noticia corrió rápido. Al día siguiente, en la escuela, todos festejaban que Gian estaba sano. Sin embargo, él, con su madurez, tuvo que aclarar: "Es una buena noticia, pero curado no estoy".

Nosotros compartíamos esa dualidad, ya que sentíamos alivio y felicidad de que el tratamiento había sido exitoso, pero también nos enfrentamos a la desilusión de saber que no podrían operarlo: el tumor se había achicado, pero seguía ahí, como un anillo imposible de quitar. El riesgo quirúrgico era demasiado alto. Había que esperar. La oncóloga nos explicó que solo después de diez años sin actividad podían hablar de una verdadera tranquilidad.

Tuvimos que aprender a convivir con ese reloj del tiempo, que nos enseñó a vivir con más intensidad, disfrutar cada momento, a centrarnos en el hoy, sin pensar demasiado, porque teníamos una nueva oportunidad, y teníamos que estar muy agradecidos de eso.

En ese tiempo, Gian conoció a una chica en una peña de Newell's; se llamaba Daiana. Él tenía 16, ella 20. Primero se hicieron muy amigos, hasta que un día Manuel me dijo: "me parece que Gian anda con Dai". Al principio tuve miedo por ella: pensaba que había que tener mucho coraje para ponerse de novia con alguien que cargaba con una enfermedad como la de él. Pero esa actitud recelosa y temerosa que yo tenía se derrumbó enseguida. Dai empezó a venir a casa y nos encariñamos muchísimo. Más que una nuera, para mí fue una amiga o, incluso, una hija más. Me di cuenta de que estaban viviendo un amor verdadero, sano. Ella lo animaba a disfrutar cada etapa. Gian le contó desde el principio que la enfermedad seguía ahí, aunque detenida. "Por momentos voy a estar bien y por momentos, mal", le dijo. Él era realista y honesto, pero, al mismo tiempo, transmitía tanta tranquilidad que todos terminábamos creyendo que no iba a volver a estar mal.

En el colegio, cuarto año lo había hecho a medias, con muchas faltas, aunque siempre que podía ir a clases, lo hacía. En quinto año ya asistió normalmente y hasta se fue a Bariloche, de viaje de egresados.

Con Dai empezaron también a proyectar viajes: primero Carlos Paz, después la playa. Desde entonces, toda la plata que juntaban la destinaban a conocer lugares nuevos.

En ese período, Gian se apasionó por la fotografía. Se compró una cámara y pasaba horas retratando la naturaleza: plantas, animales, todo lo que encontraba. Era su terapia. Cuando terminó el colegio, aún con 17, le ofrecieron trabajo en una empresa de ciencias agrícolas para la protección del cultivo (FMC), registrando procesos en el campo para catálogos y publicidades.

También le encantaba el buceo, hizo el curso y a cada lugar que iba con mar o río se sumergía para explorar las profundidades. En el fondo del mar encontraba su lugar, decía. Más tarde se compró un dron, lo que le abrió una puerta impensada.

Un familiar le habló de Gian al entrenador de Newell's, que justo buscaba a alguien con un dron para filmar las prácticas. Y así fue como Gian terminó trabajando en el club de sus amores. Iba a las concentraciones y hasta acompañaba al equipo a las pretemporadas en la playa.

Un día, en la previa de un clásico, él estaba junto al equipo en el lugar donde se concentraban. De camino a la cancha, con Manuel quisimos ir a ver pasar el colectivo, como hace mucha gente. Cuando llegamos, vi una imagen que me impactó: en el colectivo, arriba, estaban los jugadores cantando y saludando a la gente. En medio de ellos, sonriendo, estaba Gian. No pude evitar pensar: "si mi papá lo viera...". Todo se volvía más emotivo, la magia no dejaba de sorprendernos y esta vez era para bien. Y la alegría se multiplicaba por mil.

Gian no paraba de tener ideas e iniciativas. Dai tenía un trabajo y, en el tiempo libre, vendía bolsos y carteras. Él, con su espíritu emprendedor, la animaba a que abriera su propio negocio y se dedicara a lo que realmente quería. Así fue que pusieron una tienda y la llamaron Queen.

Por otro lado, un amigo le propuso poner una agencia de compra y venta de autos usados. La montaron y les fue tan bien, que decidió dedicarse completamente a eso y cerrar su etapa en Newell's.

Gian era de los que, cuando se proponía algo, le ponía tanta pasión y tanto trabajo que era raro que no le saliera bien.

Seguía con los controles, pero hacía una vida normal. La calma iba ganando terreno. Nosotros no olvidábamos, pero estábamos más relajados.

Así pasaron cinco o seis años de disfrute intenso. Gian vivía a tope, consciente de que no estaba curado, de que tenía dentro una bomba de tiempo, pero disfrutando su vida al máximo, porque de eso se trata **VIVIR INTEN-SAMENTE…**

Capítulo 7: **La despedida**

En septiembre de 2019, cuando estaba cerca de cumplir 23 años, Gian volvió a jugar al fútbol con su equipo de la infancia, junto a sus amigos de toda la vida. De chicos habían logrado muy pocas victorias, por lo que salir campeones, siempre había sido solo un sueño. En broma, decían que ahora sería su revancha, aunque en realidad nadie se lo creía. Gian, incluso, se resistía a comprarse botines. "Si en un par de partidos nos vamos a quedar afuera", decía. Empezó a jugar con unos viejos que le prestó un amigo.

Pero, a pesar de los pronósticos, empezaron a ganar partido tras partido y el campeonato se iba estirando. Los botines estaban cada vez más rotos. Le propuse comprarle unos nuevos como regalo de cumpleaños. "Lo único que falta es que me compre botines nuevos y perdamos", me respondía, entre risas. Al final aceptó, con la condición de que no gastara mucho dinero.

A las semanas, Gian empezó a tener malestar en la espalda. Pensamos que sería un tema muscular por haber vuelto a jugar al fútbol después de tantos años. Por esos días, Manuel viajó a España. El anhelo de ir a vivir a Europa que él mantenía desde hacía años había vuelto a estar sobre la mesa. Lo habíamos hablado en familia: yo estaba dispuesta; Fanti al principio se había mostrado negado, pero poco a poco estaba cediendo a la idea; Gian y Dai veían que podía ser una buena oportunidad, a pesar de que nunca habían estado en Europa. Para subsanar eso, habían sacado pasajes para ir a conocer España a principios de 2020. Si todo salía bien, queríamos emigrar todos juntos. Manuel pensaba quedarse allí un par de meses, para sondear el lugar y las oportunidades laborales o de negocio.

Mientras tanto, Gian fue a hacerse un control porque continuaba con dolores en la espalda. Le avisamos a Marcela, que urgente volvió a dirigir el equipo. Los médicos lo revisaron y le recomendaron hacerse estudios para descartar que se tratara de una recaída.

Cuando se lo dije a Manuel, enseguida decidió cancelar todos los planes en España y volver a casa inmediatamente. No habían pasado ni diez días desde su partida, así que Gian se mostró contrariado por su regreso, para él era una reacción exagerada. - Vos sos loco, ¿cómo te vas a pegar la vuelta? Capaz no es nada, ¡hubieras esperado a ver los resultados! le dijo.

—Iba a estar allá, pero con la mente acá… Para estar intranquilo, preferí venirme, ya vamos a volver todos juntos a España.

Yo también le había sugerido a Manuel que esperara un poco antes de cambiar el pasaje, pero, al mismo tiempo, lo comprendía: no queríamos pensarlo, pero intuimos de qué se trataba. Gian decía que el dolor lo envolvía como un cinturón y eso era una mala señal.

Para sorpresa y alegría de todos, con el equipo llegaron a la final del torneo. Gian se estaba cuidando, con la ilusión de mejorarse para la final, pero, por el contrario, los dolores se intensificaron. Acompañó a sus amigos desde el banco y, aunque no pudo jugar, festejó junto con ellos el triunfo que los llevó a levantar la tan ansiada copa de **CAMPEONES.**

Seguíamos agradeciendo porque todos sus proyectos, sus objetivos, sus sueños y deseos se venían cumpliendo.

Pero a los días, los estudios dieron como resultado que la enfermedad estaba otra vez activa. Nos invadió una amargura terrible, pero nos aferramos a la idea de que íbamos a luchar y a superar este momento también.

Volver a empaparse del tema, de los valores de los análisis, de los tratamientos, de los cuidados. Teníamos un nuevo desafío, otro campeonato, Gian lo llamó "el segundo capítulo" de la enfermedad, en el primero salimos campeones y pensamos que tarde o temprano, esto iba a pasar también.

Dai no decía nada, pero se notaba que estaba asustada. Una noche nos quedamos hablando solas en casa y le dije: preguntame lo que me quieras preguntar.

Me confesó que necesitaba hablar y no sabía con quién hacerlo. A Gian no le quería preguntar demasiado, con sus papás prefería no hablar del tema porque se preocupaban y sufrían mucho, las amigas no entendían demasiado... "A ustedes tampoco quiero cargarlos porque deben estar peor que yo", concluyó.

Le dije que podíamos llorar y sacarnos las dudas juntas, acompañarnos, sostenernos... "Mientras estemos solas, hagámoslo y apoyémonos", le propuse.

Le expliqué en detalle cómo era la situación de salud de Gian, que seguramente iba a tener que volver a hacer quimioterapia. Su expresión era cada vez peor, pero podía ver que tenía la entereza y la determinación para afrontar lo que viniera. En este segundo capítulo, Gian ya no era un adolescente sino un adulto que tenía al lado a la persona a la que él había elegido. Entendí perfectamente que en ese momento él iba a necesitar que, ante todo, fuera Dai la que estuviera cerca en todo momento. Me daba mucha tranquilidad ver que ella sabía acompañarlo, sabía darle seguridad, y estaba dispuesta a ponerse la camiseta. Se incorporó al equipo y fue un 10.

Tratamos de mantenernos fuertes y unidas. Podía ver su dolor y su miedo en el rostro, pero a pesar de eso, logró acompañar a Gian de una manera insuperable. No podía imaginar una mejor compañera para él.

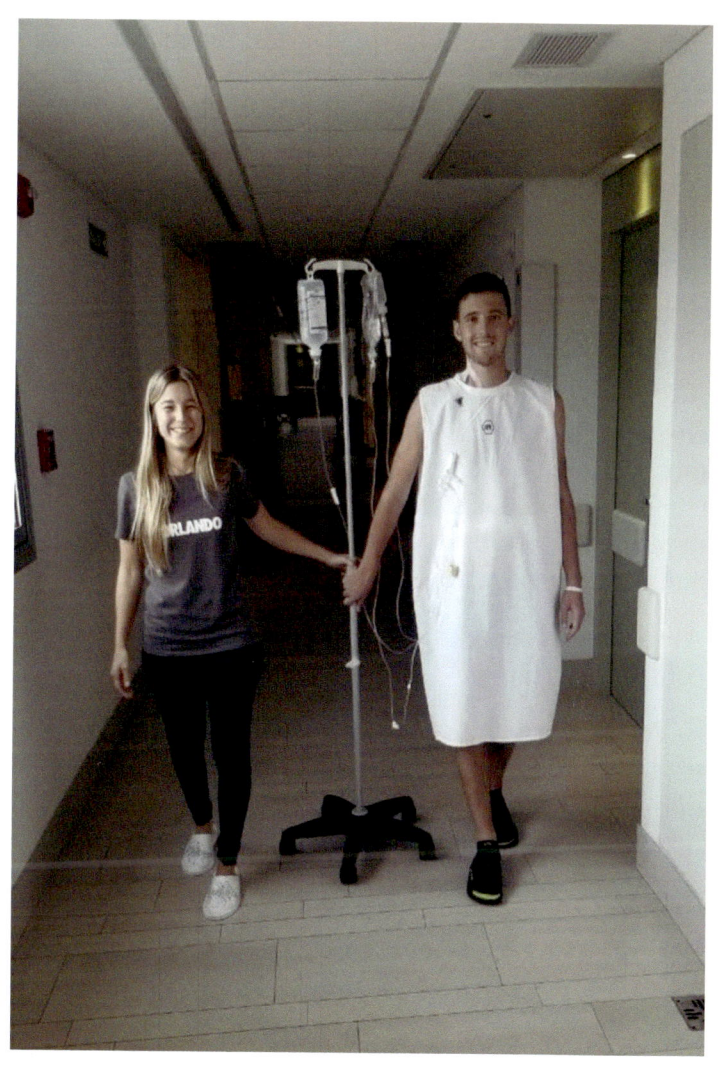

Entre consultas y consultas dimos con, Daniel, un médico que estaba dispuesto a operar. Era lo que estábamos esperando escuchar después de que tantos otros se habían negado. Tuvimos una reunión los cinco y nos explicó todo de manera muy directa. Nos dijo que el riesgo era muy alto, pero que, en esa instancia, habiendo agotado las drogas que su cuerpo podía resistir, lo podíamos intentar. Como Gian ya era mayor de edad, era él quien tenía que decidirlo.

—Gian, pensalo bien, pero quiero decirte que hay una cuestión de tiempo que nos apremia, no te puedo dar un mes, pero te dejo que lo pienses el fin de semana y me comuniques la decisión. Es una cirugía muy riesgosa y necesitamos coordinar los equipos y los profesionales que tienen que estar presentes ese día.

Al salir de la sala nos confesó que la situación era muy compleja:

—Yo me la estoy jugando y no sé cómo va a salir, pero tengo la conciencia tranquila de que esto es lo que tenemos que hacer ahora.

Daniel, en ese momento, era nuestro Dios.

A la vuelta paramos a tomar un café y Gian nos dijo:

—Yo me opero.

Esa noche, antes de acostarse lloró junto a Dai, pero estaba decidido.

El lunes llamó y le comunicó al médico que avanzara con la preparación.

A los 15 días ya estaba entrando al quirófano, tranquilo, como si fuera a sacarse la muela de juicio, a pesar de que había muchas posibilidades de que se complicara la cirugía. se lo notaba sin miedo.

Por suerte, después de 7 horas, todo salió bien, mejor de lo esperado. Lloramos, nos abrazamos y saltábamos de alegría. Teníamos esperanza.

Para reforzar volvió a pasar por sesiones de quimioterapia. Parecía que la enfermedad se estaba controlando nuevamente.

Queen prosperaba, así que, a principios de 2020, con Dai decidieron abrir un local más grande. La sorpresa fue que una semana después de la inauguración, entramos en pandemia. Los cinco —Manuel, Fanti, Gian, Dai y yo— pasamos juntos el confinamiento en casa. Nos disfrutamos mucho durante la convivencia, cada momento era vivido con mucha consciencia, las comidas tenían un sabor especial, las charlas eran más profundas, tratamos de no pensar en lo que vendrá, estábamos acá, juntos y eso ya nos bastaba.

Durante ese año, Gian se hacía controles y, aunque los análisis daban bastante bien, no estaba todo neutralizado. Nos indicaron esperar y volver a repetir los análisis.

A pesar de que Gian era una persona de alto riesgo, pasamos la pandemia con los cuidados necesarios, pero sin miedo. Apenas se pudo empezar a salir, lo hizo. No sé de dónde me venía una tranquilidad que me decía que no iba a pasar nada. Así había sido siempre.

En este momento Gian ya podía decidir por él mismo, pero al principio de la enfermedad era yo la que tenía que determinar qué podía hacer y qué no. Hubo muchas situaciones en las que la decisión no era fácil.

Desde un principio, la oncóloga me había dicho que, si él empeoraba o contraía algún virus por estar demasiado expuesto, era responsabilidad mía. Pero yo sentía que también era mi responsabilidad si él perdía el ánimo, si dejaba de disfrutar con sus amigos o se privaba de hacer las cosas que a él le gustaban.

Una vez tenía que ir a bucear y estaba con las defensas muy bajas. Me pregunté: ¿y si le digo que no? Pero es lo que él más deseaba, así que le dije: "Andá, disfrutá". A lo mejor, si le pasaba algo me lo habría reprochado toda la vida, pero por suerte nunca tuvimos que echarnos ninguna culpa. Sé que no se puede generalizar ni dar consejos que sirvan para todos, pero en nuestro caso nos ayudó muchísimo vivir con la confianza y la tranquilidad de que iba a estar todo bien.

En septiembre, cuando el confinamiento estaba pasando, Dai y Gian decidieron ir a vivir juntos. Alquilaron un apartamento muy pequeño, entre los dos lo pintaron y equiparon. Los ayudé a decorarlo: cada detalle fue pensado con mucho amor y con gran ilusión. Ellos se referían al lugar como "la casita". Estaban felices de empezar su convivencia. En enero, después de 24 años de aquella promesa que me había hecho Manuel, conocí Bariloche. Era el momento, no podíamos postergarlo más. Viajamos todos juntos como familia y compartimos unos días maravillosos.

Pero la enfermedad continuaba activa, los controles seguían y también las interconsultas que hacíamos. Seguíamos en la lucha.

En abril Gian pasó por la segunda cirugía. Esta parecía no ser tan riesgosa como la anterior, aunque sabíamos que su cuerpo ya estaba muy manoseado, seguíamos con la misma fortaleza. Durante una charla privada Gian le había pedido al médico que haga lo que tenía que hacer, porque él tenía muchas ganas de seguir viviendo.

Al ratito nos llamaron, lo que nos pareció raro. Nos dijeron que cuando abrieron vieron que había varias manchas en el hígado, había metástasis y estaba muy afectado.

—Si ustedes me autorizan, ya que lo abrimos, le podemos quemar esas manchas: nos dijo Daniel.

Le dimos autorización y volvió a la sala de cirugía. El panorama no nos gustó para nada. Sin embargo, después de la cirugía nos dijeron que había salido muy bien, que habían quemado las manchas del hígado y que creían que habían podido limpiar todo, que ya no quedaban rastros.

La recuperación fue dura, muchos días de fiebre y recaídas, pero, finalmente, el 1 de junio salió de la clínica. No se trataba de un alta completa sino de una internación domiciliaria en la que la enfermera vendría a verlo todos los días y le haría los controles y las curaciones necesarias.

Marcela, en una charla, me sugirió:

—Estaría bueno que Gian vuelva a casa con ustedes, así están más tiempo juntos y él está siempre acompañado, incluso cuando Dai se va a trabajar.

Lo hablamos con ellos y ambos entendieron. Estuvieron de acuerdo y aceptaron muy conformes. Vinieron a casa con su gatito y lo necesario para pasar un tiempo allí.

Durante la internación domiciliaria, Gian trataba de seguir haciendo cosas. Incluso iba a trabajar cuando podía y su estado de salud se lo permitía. Su ánimo seguía intacto, pero se notaba que su cuerpo se estaba deteriorando.

Un día, estando en la cocina, me dijo que le dolía la panza. Se la toqué y parecía tener una pelota de fútbol dentro. Tuve una sensación dolorosa: me recordó a la panza de mi papá cuando estaba en sus últimos momentos. Traté de disolver ese pensamiento y le dije que capaz tenía que ir al baño, que algo le había caído mal, pero, internamente, yo sabía que las cosas no estaban bien.

A los días, la bioquímica me llamó para darme los resultados de los últimos análisis de control que se había hecho.

Al día siguiente Gian debía ir a buscar el informe, pero, al ver los resultados, ella había sentido que tenía que hablar conmigo primero: los valores estaban exageradamente por encima del valor que tenía que tener.

El número era demoledor, no había manera de pensar que no era grave. No sabía qué hacer, tenía miedo de que Gian se desmoronara al recibir una noticia así.

Llamé a Marcela y le imploré:

—Ayudame a buscar una solución, darle estos resultados va a ser un golpe demasiado duro para él. Va a sentir que perdió. Y no es para nada justo, no se merece sentir la derrota. yo no iba a permitir eso.

Entendió enseguida mi sentimiento.

—Vamos a hacer algo —me propuso—. Le vamos a decir que los estudios no dieron bien pero que tenemos dudas con los valores así que, para estar más seguros, queremos repetir los exámenes.

Gian lo tomó con naturalidad y al día siguiente fue a sacarse sangre nuevamente. Cuando vi a Manuel, le dije lo que pensaba y me costaba admitir: "Esto es irremontable". Con la cifra que dio ese marcador, no hay posibilidades de que se recupere." A Manuel le agarró como un ataque de nervios. Estábamos asumiendo que Gian ya estaba en la recta final. La impotencia y la desesperación eran inconmensurables.

Hicimos una consulta con otro oncólogo y al llevarle ese valor nos dijo que ya no había mucho para hacer, pero que si queríamos podíamos empezar una quimio al día siguiente, como para tratar de frenar un poco la velocidad con la que venía avanzando, esta vez, la enfermedad. Le dijimos a Gian que estaba esta posibilidad, y él no entendía por qué se la adelantábamos si ya tenía programada una quimio para más adelante. "Es mejor no perder tiempo", le explicamos.

Al día siguiente, con Manuel fuimos a ver al médico para confirmar la quimioterapia. Gian se fue con Dai a Rosario para comprar ropa para vender en el negocio, que seguía creciendo.

Cuando estábamos volviendo a casa, le mandamos un mensaje a Gian para ver cómo les estaba yendo y nos dijo que ya estaban volviendo, pero iba manejado Dai porque él no estaba bien, sentía el cuerpo muy cansado. Le dije que tenía que descansar un rato. "Sí, ahora llego a casa, merendamos algo juntos y después me acuesto", me dijo.

Después de tomar el café con leche, Dai se fue al negocio y Gian se tiró en el sillón. Cuando se acostó, me guiñó el ojo, y tirándome un beso me dijo —"Te amo".

Despertame en un rato y te muestro todo lo que compramos.

Al rato vi que dormía en una posición incómoda y me acerqué a decirle que mejor fuera a su cama. Tenía la mirada un poco perdida. Cuando le hablaba, abría los ojos, pero parecía que no reaccionaba.

—Gian, acomodate mejor, que estás en una mala posición y te va a doler todo. No me respondía.

En eso llegó Manuel y también intenta hablarle. Al ver que seguía sin responder, llamamos al médico. A los 10 minutos estaba en casa. Le hizo el control de los signos vitales y estaba bien, pero nos recomendó que lo lleváramos a Rosario inmediatamente. Manuel intentó despertar a Gian, pero apenas abría los ojos. Hasta que en un momento reaccionó, se sentó, lo abrazó fuerte y le dijo:

—Basta, papá, basta.

—¿Basta qué, hijo?

Después se levantó y me abrazó a mí. Lo único que seguía repitiendo era: basta, basta, basta. En ese momento sentí que no era él quien nos decía basta: tal vez era su cuerpo.

Lo ayudamos a salir de casa y a entrar al auto. Dai cerró el negocio y vino con nosotros. Logramos sentarlo y llevarlo, pero cuando llegamos al sanatorio ya no podíamos ni despertarlo. Tuvimos que cargarlo en una silla de ruedas. Al entrar, empezó a hacer unos movimientos extraños, involuntarios y repetía cada vez con más fuerza: basta, basta, basta. Empezó a golpearse la cabeza.

Al recibirlo, le pusieron un sedante y nos dijeron que la enfermedad había avanzado demasiado, tenía falla multiorgánica, estaba inconsciente y sus movimientos eran reflejos. Solo quedaba esperar que su corazón se detuviera.

La médica me sugirió que Fanti fuera a despedirse de él. Yo me negaba, pero ella insistió: le va a hacer bien a los dos. Entonces le pregunté a Fanti si quería ver a su hermano y me dijo que sí, así que llegó rápido y se quedó durante los dos días que Gian estuvo agonizando a su lado. Manuel no quería entrar en la habitación, pero tampoco se iba a casa. Fueron dos días en los que estuvimos ahí, sin salir a comer, ni a bañarnos, nada. Dai, Fanti y yo estuvimos mucho con él, pero también le dábamos lugar a los amigos, ya que el sanatorio se había llenado otra vez de gente, que quería acompañarnos.

Entre las personas que vinieron a despedirse, estaba Paula, una amiga con la que, en el último tiempo, Gian había empezado a hacer sesiones de reiki por videollamada. Ella me llamó a un costado y me dijo: "Nel, te quiero dar esto porque creo que te va a hacer bien."

Era la impresión de una captura de un mensaje de WhatsApp que Gian, durante una charla, le había enviado días atrás y decía así: **"Me emociona saber que tuve una vida hermosa, que fui superfeliz, que disfruté millones de momentos, que no me olvidé de nada, que no me arrepiento de nada, que no volvería atrás para cambiar nada"**. Al leer estas palabras sentí un alivio enorme. Sentí orgullo y paz de saber que había sido feliz.

El 1 de julio, a la noche, Manuel y Fanti se fueron a casa a ducharse y a buscar algunas cosas. Dai y yo nos quedamos en el sanatorio, nos duchamos en el baño de la habitación y después nos recostamos un ratito.

Mirábamos a Gian y notábamos que su respiración era cada vez más pausada y suave. El sueño me venció y me dormí por unos minutos, hasta que sentí que me tocaban el hombro. Era Dai, que me decía:

—Neldi, ahora sí, ya está...

En ese momento dimensioné que ya no había más vuelta atrás. Hasta ese minuto me parecía que todavía había una posibilidad, porque había vida y respiro. Le avisamos a la médica y lo corroboró. Se había terminado todo.

Ya era la madrugada del 2 de julio de 2021. Le avisé a Manuel y después escribí algo en mi estado de WhatsApp y las personas empezaron a comunicarse y a llegar. Hicimos un velatorio muy sencillo, de pocas horas, porque todavía había restricciones por el COVID.

Veníamos de días muy fríos, grises, pero ese día amaneció con un sol divino. Se fue con los aplausos de todas las personas que vinieron a despedirlo. Hasta el último minuto sentí mucho orgullo por él y por la vida que había tenido.

En esos últimos 7 años había comprimido un montón de experiencias que, en otras circunstancias, habría podido vivir más lentamente, pero él se las había ingeniado para no privarse de nada. Sabía que no podía dejar nada para después. Se lo veía siempre con tanta energía, tanta resolución, y tan aferrado a la vida, que no podía imaginarme su partida. Su médico me dijo: "Antes de Gian, nunca había visto un paciente que no tuviera miedo".

Se fue tranquilo, sin miedo, feliz y agradecido.

LA DESPEDIDA fue un hasta siempre…

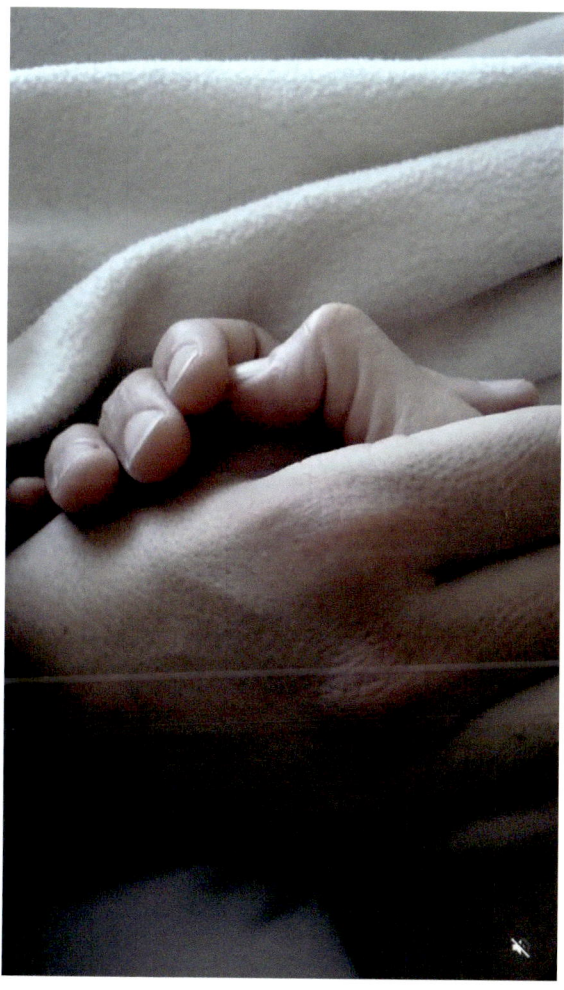

Capítulo 8: **Siempre conmigo**

En el aniversario de su nacimiento, el 11 de septiembre de 2021, mis amigas me regalaron un árbol, que instalamos en el patio de casa y, colocamos sus cenizas. Ahora que no estamos en Argentina, lo tiene Dai en la casita que habían armado juntos.

Los primeros días después de la partida de Gian, ella siguió quedándose en casa. Más tarde se fue a vivir con sus papás hasta que, un día, me dijo que quería volver a "la casita". Me sorprendió, pero le dije que me parecía bien, que cada uno debía decidir lo que pensaba que le iba a hacer bien. Al principio la acompañaban mucho sus amigas, se quedaban a dormir con ella para que no se quedara sola. Yo fui muy pocas veces: al principio no podía ni pasar por la vereda porque el dolor me abrumaba. Un día la psicóloga me sugirió que guardara todas las cosas de Gian en un mismo lugar. Le hice caso, y, en un hermoso baúl que me regalaron unos amigos, empecé a juntar desde su ropita de bautismo hasta las camisetas de fútbol que más amaba. Llegó el momento de ir la casita, donde todavía estaban la mayor parte de sus cosas personales. Fue un momento sumamente duro de afrontar. Manuel no quiso acompañarme, sentía que no podía hacerlo. Fui con Fanti en una camioneta. Elegí los objetos más importantes para guardar en el baúl. Fanti, por su parte, se trajo la mayor parte de la ropa de Gian, y la sigue usando hasta hoy. Algunas prendas eran tan de Gian que, al verlas en Fanti, al principio, me chocaba: por un lado me hacía bien, pero por otro me lo hacía ver de nuevo a mi lado.

La idea de irnos a vivir a España siempre estuvo latente en la cabeza de Manuel, pero decidimos esperar a que todo se acomodara. Le prometí: "Cuando sea el momento, te voy a acompañar". La primera vez que le mencionamos la propuesta a Fanti, se lo notó asustado, pero con los años se había dejado seducir por la idea. Sin embargo, todavía tendríamos que atravesar muchas cosas como familia en Argentina antes de realizar el viaje.

Cinco meses después de la partida de Gian, mi hermana sufrió un ictus. Entró en coma y la llevaron al mismo sanatorio donde había estado Gian. Yo había jurado no volver a pisar ese lugar, mi hermana Mirna lo sabía e intentó convencerme de que no fuera, que ella podía ocuparse de todo. Sin embargo, comprendí que era importante y tuve que poner mi mente en blanco e ir. Las médicas me preguntaban: "¿Otra vez acá?". Al tiempo, salió del coma y la llevamos a un centro de rehabilitación.

En paralelo, mi mamá, que ya venía con demencia senil, empezó a empeorar. Y en ese mismo período, mi suegro tuvo un infarto. Mientras mi hermana estaba internada en un sanatorio, él estaba en otro.

Mi suegro, Coco, era la mano derecha de Manuel, casi un secretario personal. Siempre se mostraba dispuesto. Manuel lo llamaba y le decía: "Papi, ¿me comprás tal cosa en Rosario?", "Papi, ¿me ayudás con esto?", "Papi, ¿Te hacés un asadito esta noche?" A todo decía que sí. Cuando fue el peor momento de Gian, él nos ayudó muchísimo con Fanti: lo llevaba y lo buscaba del colegio, almorzaba con él, lo acompañaba en todo. Lo que necesitáramos, él lo hacía con gusto.

Salió bien de esa primera intervención, pero un año después comenzaron otros problemas de salud. Lo operaron de la próstata y no se recuperó bien: lo veíamos decaer rápidamente. Cuando llegaron los resultados de los estudios y nos enteramos de que tenía cáncer, ya estaba en terapia, así que no llegó a conocer su diagnóstico. Falleció el 9 de agosto de 2022.

Manuel volvió a plantear la idea de viajar a España, pero yo no quería dejar sola a Mirna a cargo de todo, con nuestra mamá y con la recuperación de nuestra hermana mayor.

Mariela estaba en casa con internación domiciliaria; en una habitación estaba ella con atención permanente, en la otra mi mamá, que se iba apagando. Tras una neumonía, nunca había vuelto a levantarse. Cada vez comía y tomaba menos, hasta que falleció el 25 de octubre de 2023.

Ese mismo año Fanti terminaba la secundaria. Volvimos a hablarle de la posibilidad de mudarnos y le gustó, aunque pidió quedarse el verano en Argentina para irse de vacaciones con sus amigos y poder festejar su cumpleaños en febrero.

Pensé que sería el momento, sólo me preocupaba mi hermana Mariela que no estaba recuperada, todavía requería mucha atención y no quería dejarla a Mirna sola.

Lo hablé con la psicóloga y mis amigas, todas pensaban que era hora de pensar un poco en mí, que cambiar de aire me iba a hacer bien. también volver a construirnos como familia. Empezar un nuevo capítulo, los 3.

En marzo de 2024, Manuel viajó primero para buscar un lugar y explorar opciones para emprender: Pensábamos en montar un bar o una cafetería, o poner un negocio de alquiler de bicicletas o patinetes. En Xàtiva teníamos una pareja amiga, de años, que se ofrecieron enseguida a ayudarnos con todo: él era el padrino de Gian. Habíamos pensado en ir a Valencia, pero, como contábamos con estos amigos en Xàtiva, decidimos hacer base allí. Nos consiguieron piso, nos presentaron gente, nos abrieron camino. Al poco tiempo, llegamos Fanti y yo. Manuel compró una furgo y empezó a hacer transporte. Primero lo llamaron para trasladar muebles y luego consiguió trabajo estable repartiendo repuestos de autos en talleres mecánicos.

Mientras tanto, empezamos a mirar locales. Pensábamos en una cafetería o una tienda de bolsos, como la que Gian y Dai habían abierto en Argentina. Vimos una tienda de decoración que estaba dejando su local: era hermoso, pero demasiado grande. Cuando conocimos a los dueños y le dijimos que teníamos reparos por el tamaño, por no tener la posibilidad de llenarla con productos inmediatamente, nos ofrecieron muy generosamente dejar una parte montada, a modo de concesión informal. Nos pareció buena idea y decidimos armar un sector de decoración y otro de bolsos. Otros amigos nos recomendaron una zona mayorista para buscar proveedores así que un sábado fuimos con el auto a explorar. Al llegar empezamos a ver una avenida enorme con polígonos de ambos lados, de pronto, a la derecha, apareció uno con un cartel inmenso que decía: **GL. Gianluca Bolsos**. Quedamos los dos atónitos, no podíamos creer lo que estábamos viendo. Llamé a Dai enseguida y le conté. "¿Qué otra señal querés de que es por ahí?", me dijo. Le mandé la foto a mis amigas e hicimos una videollamada. "Este Giancito siempre dando la nota", "siempre presente", "este niño no deja nunca de sorprender", "con sus señales y enseñanzas siempre", "estamos shockeadas y no podemos parar de llorar", comentaban.

Me bajé del auto temblando. Cuando entré al negocio, saludé a los dueños y, antes de hablar de los productos, les pregunté:

— ¿Quién es Gianluca?

—Mi hijo —dijo la señora amablemente.

— ¿Qué edad tiene?

—28.

—Casi la misma edad que tendría Gian ahora…

Al ver que tenía un nudo en la garganta y no podía seguir hablando, Manuel les explicó lo que sucedía. La señora fue muy amable y, después de decirme que sentía lo que nos había ocurrido, me siguió contando del negocio y de su familia.

—Mi otro hijo también tiene un mayorista de bolsos en otra localidad —me explicó—. Pero no se llama Gianluca, se llama *Queen*.

No podía creerlo. Ya era demasiado todo. De un modo u otro, Gian siempre me hace saber que está conmigo. Cuando él estaba enfermo yo buscaba señales todo el tiempo. Le pedía a Dios que me confirmara, con algún gesto, que se iba a sanar. Con el tiempo entendí que no hay que forzar esas señales: simplemente llegan cuando tienen que llegar.

A la semana siguiente fuimos, cargamos la furgo con bolsos, imprimimos bolsas y etiquetas, hicimos los papeles y en menos de quince días abrimos nuestro Queen en Xàtiva. El día de la inauguración llovió a cántaros. Habíamos invitado a algunos conocidos y, a pesar del clima, vinieron. Desde ese día empecé a conocer más gente. Cada cliente me decía: "Qué hermoso tu local, te va a ir super bien. Enhorabuena". Al escuchar mi acento argentino agregaban: "Y encima con esa forma tan linda de hablar". Sentí una energía muy especial.

Cuando venían a comprar, las clientas se quedaban conversando y, casi sin darme cuenta, siempre terminábamos hablando de Gian y de Queen. Compartíamos vivencias, y muchas de esas clientas se convirtieron en amigas. Descubrí que cada persona tiene su propia historia detrás. Ese intercambio me llenaba de orgullo y me hacía sentir que, a pesar de todo, seguían pasando cosas lindas, que todavía había gente buena por conocer. Antes de viajar a España, lo que más miedo me generaba eran las relaciones con las personas. Había escuchado mil opiniones y advertencias. Algunos me habían dicho: "La gente no se va a abrir con vos que venís de otro lado" o "allá la gente es muy distante". Pero fue al revés: desde el primer momento recibí afecto, amabilidad, contención. Muchas personas me abrieron las puertas como si me conocieran de toda la vida. La experiencia fue hermosa. Enseguida me sentí cómoda, aunque claro, extrañaba reencontrarme con mis hermanas y mis amigas de siempre.

Fanti empezó a trabajar con su papá y encontró su propio lugar. En Argentina siempre había sido "el hermano de". En Argentina todos conocían a Gian por lo que había pasado y muchos lo habían puesto en un pedestal, como un ejemplo a seguir, como un maestro de vida. En España, en cambio, nadie conocía su contexto y pudo empezar de nuevo. Enseguida empezó a jugar al fútbol, hizo amigos y abrió un nuevo capítulo de su vida.

Y nosotros también: después de años tan duros, entre la enfermedad de Gian, mi mamá, mi suegro y mi hermana, volvimos a encontrarnos como familia los tres. Pudimos relajarnos, disfrutar, hacer planes juntos.

Un año y medio después, cuando escribo las últimas páginas de este libro, Manuel y yo estamos volviendo a Argentina, al menos por un tiempo, para resolver cuestiones abiertas. Fanti decidió quedarse en España y, aunque va a ser duro tenerlo lejos, entiendo su decisión y celebro que haya encontrado su lugar. Sé que va a ser un crecimiento personal para él y que le va a hacer muy bien.

De este lado del océano no solo va a quedar mi hijo sino otras personas y lugares queridos. No sé qué va a pasar en el futuro, pero si hay algo que me enseñó Gian fue a vivir el presente. No lo hizo con discursos, sino con hechos. Era de pocas palabras, pero hacía mucho. Por eso, todos se quedaron con algo suyo: un mensaje, una inspiración. A medida que pasa el tiempo, más valoro lo que me dejó: me enseñó a agradecer siempre, a vivir el hoy, a no arrepentirme de nada el día de mañana. Aprendí a no preocuparme de más, a centrarme en el presente. Aprendí que el AMOR es eterno. Esas frases que parecen trilladas, pero que cuando la vida te sacude cobran un sentido profundo.

Y hoy celebro el giro de "¿por qué a mí?" "¿por qué a él?" a "**¿y por qué no?**" ... otro aprendizaje que refleja un crecimiento emocional, una aceptación valiente del dolor, y también una apertura a lo que la vida trae, incluso cuando duele.

Porque la vida **a veces** sacude, pero el amor… el amor **siempre** sostiene.

Todavía me estremecen las palabras que le dijo a su amiga en sus últimos días: "Tuve una vida hermosa. No volvería atrás para cambiar nada". Ojalá todos pudiéramos vivir así, felices, sin dejar nada para después.

Muchas veces me guío por lo que él hubiera hecho. Es uno de los misterios que me acompañan cada día. Sus frases, sus gestos, siguen **siempre conmigo**.

Gracias, Gian.